元気なうちに
〝お金の問題〟を
先回りで解決

お金の終活

この1冊で
カンペキ!

山田和美【著】
WORKtheMAGICON
行政書士法人【監修】

Subarusya

はじめに――まずは一緒に、心の旅支度を

本書を通じて「誰に、どんなメッセージを伝えるか」と考えたとき、これまで相続手続きのお手伝いをさせていただくなかで〝めぐりあった〟方々の顔が脳裏に浮かびました。ご長男とそっくりな笑顔のお父さま、厳しそうななかにも優しさを感じるお祖父《じい》さま、周りの人も明るくなりそうな優しい顔のお母さま……。

そんな「彼ら・彼女たち」に伝えたかったことを振り返りながら書きすすめた本書は、残念なことに「彼ら・彼女たち」に読んでもらうことはできません。

なぜなら、「彼ら・彼女たち」は〝お会いした〟時点ですでに写真のなかの人であったからです。生前の「彼」や「彼女」と元気なうちにお会いして直接お話しすることができていれば、と何度思ったことでしょう。少なくとも、残されたご家族の負担を減らせたかもしれないのに、という後悔の繰り返しで、それを繰り返したくないとの一念で本書はできあがっています。

ところで、この本を手に取っている方のなかには、もしかしたら「相続」や「終活」に

ついて、

「うちはお金持ちじゃない一般家庭だから、そこまでしなくていいよ」

「まだ元気なのに、亡くなった後のことを考えるなんて……」

「そんなものは、残された家族が話し合って、何とかすればいいのだ」

「財産といったって、自宅くらいしかないからねえ……」

などと感じている方もいるかもしれません。

でも、私が相続のサポートに携わりはじめて約10年、相続が起きた後でご相談をいただいた多くの方の、お亡くなりになったお父さまやお母さまも、きっと生前はこう思っていたのでしょう。

「相続なんて、うちには関係ない。『終活』なんて、まだ早いよ」と。

しかし、その結果、残されたご家族が困っているのです。


終活は、やがてくる自分の死と、それとセットで発生するお金と家族の問題に、事前に向き合う作業です。もちろん、日常生活で頻繁に考えるようなことではなく、たとえ考えなかったとしても、日々は平穏に過ぎていきます。でも、どこかのタイミングで考えなければいけない。考えたくないと目を背け、見ない振りをしたところで、何ら解決にはならず、問題を先送りにしてしまうだけです。

というのも、「お金の終活」に必要なことの大半は、本人の決断がないことには進めることができないからです。いくら私が、「この人には遺言書が必要だ」「何も対策をしなければ、残されたご家族がお困りになる」と思ったところで、ご本人が「いや、私には必要ないよ」と考えていては、専門家であろうと勝手に遺言書をつくることなど不可能です。

あなた自身が元気なうちにできる終活や対策は、問題が起きてしまってから専門家ができるフォローとは比べものにならないくらいの効果があること、そして、**後悔してから時間を戻す魔法はないこと**を忘れないでください。あなたの家族と資産を守るため、お金の終活をはじめる決断ができるのは、あなたしかいないのです。

相続は、すべての人に発生するものです。相続が関係ない人は、本当はひとりもいません。

「お金の終活」は、あなたの大切な人に面倒をかけないための、先回りの準備です。

ぜひ本書をもとに相続の現実を知り、それぞれについて必要な「お金の終活」をはじめていってください。できれば一度読んで終わりではなく、実際に自分の終活について考え、ひとつずつ実践してほしいと願ってやみません。本書では一貫して、「やったつもり」の終活ではなく、**実際に相続が起きた後、残された家族が困らないために「具体的に何をすべきか」**という視点で書いています。

もちろん、法律的な要件や理論は相続対策やお金の終活をしていくうえで大切ですが、いくら法律的に正しかろうと、残された家族が実際に手続きに使えなければ意味がありません。本書では「お金の終活」に必要な内容を章ごとに解説しているので、できれば最初から通してお読みいただきたいのですが、必要なところだけの拾い読みでもよいでしょう。また、要所要所に入れたメモはとばしていただいても結構です。

立つ鳥、跡を濁さず。まずは一緒に、心の旅支度をしていきましょう。

本書を通じて、相続や終活を「自分ごと」と捉えてきちんと準備をする人が増え、その結果、相続で大変な思いをする人、後悔する人を減らすことができれば幸いです。

平成28年11月1日

なごみ行政書士事務所　山田和美

『お金の終活』もくじ

第2章 終活のプロが教える、老後のお金の完全把握とは？

第3章

いまある資産をどう守る？・これからの人生で起こるお金のこと

第4章

安心して使い、不安なくお金を「残す」方法

第5章 相続が起きた後のことまで考えた「先回り」の生前準備

第6章 「お金」以外に残したいものは何?

【想いをつなぐ】その（4）

あなたの想いやお金は、もう一度、世代を超えて相続される 324

第1章

【現実に向き合う】

その「終活」では、「お金」は誰にも残せない

◉お金の終活【現実に向き合う】その(1)

「想い」だけ残しても、誰の幸せにもならない

「想い」だけでは足りないのです

これまで、自分や家族の「死」と向き合うことは、タブーでした。元気なうちに相続の話などしたら「縁起でもない」「失礼だ」なんていわれることもしばしば……。

しかし、日本は高齢化社会になり、ここ10年ほどで相続を取り巻く環境は劇的に変化をとげてきました。自分自身の「死」について考えることは当たり前となり、「終活」という言葉も一般的になりつつあります。

例えば、書店に行けば「終活」コーナーが設けられ、あるいは葬儀社や金融機関などで

は、いつもどこかで「終活」や「相続」の講習会やセミナーが開催されています。まさに、世間は空前の「終活」ブームといっても過言ではないでしょう。いまでは、相続を取り扱う国家資格の弁護士や行政書士などのほか、民間資格でも「相続士」や「相続診断士」などが生まれるほど……。本当に「終活」は身近なものになりました。

元気なうちに自分の死について考える――。
残される家族と向き合う――。

多数の相続を見てきた専門家の立場としては、こうした現状を非常に喜ばしく思います。なぜなら、相続の対策には法律の制限も多く、生前、元気なうちに、自ら当事者意識を持って決断をしないことには、進められないものが大半であるためです。

しかし、終活が流行《はや》る一方で、単純に喜べない背景もあります。それは、単なるブームになっているだけで、**実効的な終活ができていないケースも多い**ということです。

ひとつ例を挙げるとすると、例えば遺言書の作成は、円満で問題のない相続のためには不可欠です。にもかかわらず、「公正証書遺言」という形で公証役場で遺言書を作成している人の数は、急増しているわけでもありません（メモ参照）。

メモ　日本公証人連合会が公表しているデータによれば、公正証書遺言の作成数は、平成17年には約7万件。これに対して、平成26年の公正証書遺言作成数は約10万件。確かに増えてはいますが、そもそも高齢化で高齢者の人口自体が増えていますし、終活ブームの割には、遺言書を書く人自体はそれほど増えていないといえるでしょう。

意味のある、お金を残す終活をするには、**法律的にも効力を持つ対策をすることが絶対条件**です。しかしながら、終活で人気があるのはエンディングノートなどの比較的〝気軽な〟取り組み。法律的には意味のないものが多いといえます。

ほかにも、自分で遺言書がつくれるキットや、最近ではお葬式で流すためのビデオを作成するサービスもあるなど、終活関連サービスは増えています。

これらは確かに、いままで相続に関心のなかった人に、**人生の終焉について考えるきっかけを与えるもの**としては貢献度の高いものです。また、法律要件を満たしているかどうかにかかわらず、自分の「想い」をきちんと残すということは、終活をするうえでも、相続でもめないためにも重要です。

しかし、法律的な対策を無視した終活は、あなたの納得のいく終活にならない可能性が高く、残された家族も困惑してしまう可能性があります。

終活の入口は、エンディングノートなどの気軽なものでも構いませんが、「お金を残す」ということに関しては、「想い」だけでは足りないのです。

結論をいうと、法的な整備をせず、想いだけを残した中途半端な終活では、相続が起きたときに問題が生じます。

本書は、対策をしたつもりになるだけの終活ではなく、家族にお金を残し、問題なく渡すための「お金の終活」の必要性を知り、お金の終活を行なうための具体的な方法について知っていただくための書籍です。本章ではまず、お金の終活に関する相続の基本的な概念や知識について解説していきます。

相続は決して他人事ではない

一般的に、相続はお金を持っている資産家の問題と捉えられがちです。平成27年に相続税法の改正があったため、以前よりは身近になりましたが、それでも自分の問題として捉えていない人のほうが多いといえるでしょう。

しかし、それは大きな間違いだといえます。なぜなら、相続の問題は、「相続税」の問題だけではないからです。順を追って見ていきましょう。

まず、相続というのは、亡くなった人（「被相続人」といいます）が持っていた権利や義務を引き継ぐことです。その際に、預貯金や不動産など、被相続人の持っていた権利義務の額に応じて相続税がかかるわけですが、財産の多寡《たか》にかかわらず、「相続」というのは発生するわけです。この際に起きうる問題は、税金に関することだけではありません。

例えば、相続が起きたときに家族がもめてしまうことを防ぐ。これも立派な相続対策です。家族がもめてしまう相続を「争族」や「争続」などと呼ぶこともありますが、遺言書を残すことや事前対策で**家族の紛争を防ぐ**ということも非常に重要なのです。

相続が起きたときに、家族円満で全員と連絡が取れる状態であればよいのですが、相続人どうしが不仲状態にあったり、行方が知れない家族がいたりなどの問題を孕《はら》んでいれば、相続手続きは行き詰まります。

なお、相続発生以前はそれなりに仲のよい兄弟であっても、相続が発生して親世代がいなくなった途端に態度が急変したり、連絡が取れなくなったりするケースもあるので、いま現在もめていないからといって油断は禁物です。

また、円満な関係の家族であったとしても、問題が起こる場合もあります。

例えば、相続財産がどこにあるのか、そして、そもそも何があるのかわからないという状況です。相続の手続きを間違いなく進めるためには、まずは**財産の全体像を把握すること**が不可欠ですが、重要書類が保管されていなかったり、保管場所が分散していたりすると、財産の全体像を把握すること自体に時間がかかってしまいます。

あるいは、別のケースとしては、**相続人のなかに認知症の人がいる場合**。認知症の人は原則として物事を判断する能力が欠けているため、財産を分けるなどの大切な話し合いができません。ですから、代わりに話し合いをする、いわゆる「後見人」を選んでから手続きをはじめる必要があります。後見人を選ぶ手続きは半年近くかかる場合もあり、その間、原則として亡くなった人の口座からお金を引き出すことはできません。

私は行政書士として、相続の案件に10年近く携わっていますが、相談者はいわゆる一般家庭の人がほとんどで、不動産を持っていたとしても2000万円から5000万円程度の財産の人が大半です。なかには億を超える資産家もいますが、逆にほとんど資産のない人もいます。こうした**すべての人に相続の問題は存在する**のです。「うちはお金持ちではないから、相続は関係ない」と思っている人は、「相続で困ること＝相続税」と考えているのでしょう。

確かに、「相続税」がかかるのは一定以上の財産を持っている人だけですから、いわゆる「お金持ち」でなければ、相続税の心配は不要です。財産がどれだけあれば相続税がかかるのかについては後述しますが、相続税を払うべき相続は、**亡くなった人の6％程度**だといわれています。つまり、**90％以上の人にとって相続税は関係がなく、相続税対策も不要**ということです。

しかし、資産額がどの程度であっても、相続そのものは発生し、その事前対策は必要です。

なぜ「自分ごと」にならないのか

ところで、相続の問題は、なぜ「資産家だけの問題」と思われてしまうのでしょうか。これは、おそらくテレビ番組や週刊誌などで取り上げられる相続案件が、派手で目立つからでしょう。

何十億円もある資産家の家族が一族を巻き込んで争っている。あるいは、老舗《しにせ》の会社が経営権を争う。こういった相続は、記事として多くの人の関心を引きます。

相続がニュースになる場合は、こうした比較的派手な話ばかりなので、「相続は資産家の問題であり、自分とはかけ離れた世界」と感じてしまうのでしょう。

前述のとおり、相続は非常に身近なものです。非常に身近なものでありながら、相続の話題は、美味《おい》しいレストランやカフェの話題のように〝誰でもどこでも話しやすい〟話題というわけではありません。〝日常的には話に出づらい〟話題であり、問題なのです。

日常生活では話題になりにくい。だからこそ、身近に感じることができず、自分には関係ないと思ってしまうのです。

しかし前述のように、相続は資産の多寡にかかわらず困ることがあります。そのため、「お金の終活」もまた、一部の富裕層だけに必要なのではなく、**あなたにとっても他人事ではない**ということを、まずは知っておいてください。

もちろん、実際に問題が起こるかどうかは、相続が起きるまでわかりません。何ら対策がなくても、結果的には問題が起きなかった、という場合もあるでしょう。しかし、相続が起きたときに起こりうるさまざまな問題を想定して、できる限り、家族が困らないようにしておくというのが、お金を残すための終活であり、ひいては財産を残す立場としての、家族への責任と愛情ではないでしょうか。

◉お金の終活【現実に向き合う】その(2)

「誰に」「どんな形で」残したいですか

「想い」は終活のスタート地点

終活は想いだけでは足りず、法的な対策まで行なうことが重要であるとお伝えしました。とはいえ、「想い」を残すことを否定しているわけではありません。財産ではない「想い」や「考え方」を家族に残すことは、私も意味のあることだと考えていますし、終活をはじめるには、まず自分の想いと向き合う必要があります。

具体的な方法については後章に譲りますが、お金の終活を考えたときには、まず、

- **「誰に」財産を残したいのか**
- **「どんな形で」残したいのか**

ということを**自分の「想い」に沿って考える**ことが重要です。こればかりは正解がありません。ひとりひとりが自分と向き合って、「想い」をまとめるしかないのです。

一時的な感情で決めてしまうと後悔することになりかねませんし、また、法律だけで考えていては、血の通っていない終活になってしまうでしょう。

「想い」を残すということに方程式はありません（本書では第6章でその考え方を記載しましたが、あくまで参考例として、あなた自身の「想い」を大切にしてください）。最終的に決めるのは、あなた自身です。

例えば、相続税が一番安くなる分け方が、あなたにとって最良とは限りません。

また、**各相続人の最低限の取り分**である「**遺留分**《いりゅうぶん》」という制度もありますが、**あえて遺留分を無視した遺言書をつくる**こともできます。

さらに、さまざまな法的リスクを防ぐことは、相続の専門家である弁護士や行政書士、税理士などの専門家に相談すれば解決できますが、さまざまなリスクを知ったうえでの**最終判断は、あなた以外にはできない**のです。

そのためにはまず、自分がどうしたいのかということを、あなた自身が知っておく必要があります。

自分の想いと向き合って、財産を残す「相手」、残す「方法」が決まったら、ここから遺言書の作成や生前贈与など、具体的な対策まで行なってください。

お金の終活とはいえ、お金のことだけを考えればよいわけではありません。大切な人に問題なくお金を残すためには、想いだけでも足りませんし、法的な対策だけでも不十分です。

自分の想いとしっかり向き合ったうえで対策を検討し、具体的な対策をする際には、対策とあわせて想いが残るようにしていきましょう。

後悔してから時間を戻す魔法はない

お金の終活のなかでも特に重要な相続の対策は、生前の元気なうちにしかできないものがほとんどです。

例えば、

- （相続税対策としての）**生前贈与や資産の組み替え**
- （「争族」対策としての）**遺言書の作成**
- （手続きを煩雑にしないための）**銀行口座の整理や不要な不動産の売却**

これらは、いずれも本人にしかできません。また、認知症になってしまえば、たとえ後見人であっても、あなたの代わりに、

・遺言書を書くこと

などできませんし、税金対策のためであっても、

・あなたの財産を勝手に贈与すること

は不可能です。

「まだまだ元気だから、相続対策なんて早い」という人もいますが、相続対策のほとんどは元気なうちにしかできないことを、ぜひ知っておいてください。

そのため、本来は生前、元気なうちに相続対策をしてほしいのですが、相続が起きて、すでに困ってしまってから相談に来る人のほうが圧倒的に多いのが現状です。

相談のなかには、「ご本人が生前にきちんと対策をしていてくれれば、こんなふうに家族が困らなくてすんだのにな……」と感じるものも少なくありません。

例えば、相続人のひとりである二男が、相続が起きた途端、連絡が取れなくなり、手続きに一切、協力をしてくれなかったケースがあります。

相続が起きると、その人の銀行口座からお金をおろすにも、その人の不動産の名義を変

えるにも、すべて相続人全員の同意が必要になります。そのため、協力してくれない相続人がいると、先に進めません。

結局、本人から何度連絡を取ろうにも相手が応じてくれなかったため、弁護士を通して連絡をしてもらい、何とか話し合いはできたのですが、結局手続きができたのは、相続が起きてから1年半以上たってからのことでした。この間、亡くなった人名義の口座のお金は使えません。また、兄弟など家族間でお金について話し合いをするという時点で、ストレスを感じる人も少なくないでしょう。

別の事例では、相続人のなかに認知症の人がいて、その人の後見人の候補者が決まらず、2年以上手続きが止まったケースもあります。相続財産は1か所の銀行預金のみ。後見人の選任以外では特段もめていたわけではなく、法律で決まった取り分である法定相続分でよい、ということで相続人は全員が同意をしていたのですが、やはり、それぞれの法定相続分にあたる金額だけの払い戻しであっても、後見人をつけないことには手続きはできないと金融機関は応じてくれず、時間がかかりました。

このケースはどちらも、亡くなった人が生前に対策をしておけば、問題は防げたはずです。**遺言書を書き、遺言執行者を選任してさえいれば**、いくら協力してくれない相続人がいようと、認知症の相続人がいようと、**ほかの相続人は自分の取り分について手続きをすることが可能**だったのです。

ところが、亡くなった人は何らの対策もしていなかった。「まだ早い」と先延ばしにし、「うちには関係ない」と目を背けていた。その結果、家族が困ってしまったのです。

なぜこのようなことが起きるのか。やはり前述のとおり、相続がどこか遠い世界のことに感じられているからでしょう。

しかし実際は、相続はとても身近なもので、すべての人に関係があることです。

私は相続の専門家として、弁護士、税理士、司法書士といった各専門家とも連携して日々相続の問題解決にあたっていますが、どれほど優れた専門家でも、できないことがあります。それは、

「その人が元気だったときに時間を戻すこと」

です。「たった1枚の遺言書さえ書いておいてくれれば……」「生前に相談しておいてくれれば……」などと思ったところで、相続が起きた後ではどうにもなりません。

また、いくらこの人には遺言書が必要だと思ったところで、勝手に遺言をつくるなどということは、もちろん不可能です。

「はじめに」でも述べたとおり、あなたが元気なうちにできる対策は、相続が起きてから専門家ができるフォローとは比べものにならないほど強い効果があるということを、知っておいてください。

あなたに万が一のことがあったとき、あなたの大切な人が悲しみのなかで、相続争いに巻き込まれたり手続きで苦しんだりして追い打ちをかけられる姿など、想像したくないはずです。

後悔してからでは遅いのです。ぜひ、早すぎるかな、というくらい早いうちから、「お金の終活」を進めておきましょう。

◉お金の終活【現実に向き合う】その（3）

重要な「生前のお金」、もっと重要な「残すお金」

生前にかかる「お金」について正しく知ろう

終活を考える際、やはり気になるのは、老後の資金ではないでしょうか。ここでは公表されている統計データについていくつか紹介します。

まず、**老後の生活にかかるお金**についてです。

内閣府から公表されている高齢社会白書（平成28年版）によれば、高齢者世帯の多くで、公的年金が収入の大きな柱になっている現状がうかがえます。

具体的には、主に65歳以上の者のみで構成する世帯の年間総所得の平均は３００・５万円。うち公的年金・恩給によるものが２０３・３万円で、これは総所得のうち67・６％の割合です。また、**世帯収入の80％以上が公的年金や恩給である世帯**も、**約７割**（68・１％）を占めています。

では、貯蓄額はどのくらいでしょうか。平成27年の家計調査によれば、２人以上の高齢者世帯の**平均貯蓄額は２３９６万円**となっています。これには保有不動産の価額は入っておらず、金融機関への預金のほか生命保険や有価証券などの金融資産のみであることを踏まえると、通常よりも多い印象を受けるでしょう。

ただし、これはあくまで平均値であり、貯蓄額の多い一部の世帯が金額を押し上げているため、注意が必要です（左メモ参照）。

メモ

データを取った世帯を貯蓄額の低い世帯から高い世帯へ順番に並べたときに、ちょうど真ん中にくる世帯の貯蓄額は、１５９２万円となっています。こちらのほうが、感覚としては「平均値」に近いかもしれません。

少し古いデータですが、平成23年、内閣府による「高齢者の経済生活に関する意識調査」によれば、高齢者世帯の貯蓄目的のうち62・３％が「**病気・介護の備え**」のためで、最も多くなっています。

図表①■高齢者世帯の所得（その内訳と、全世帯所得との比較）

区分	平均所得金額			
	一世帯あたり			世帯人員一人あたり（平均世帯人員）
高齢者世帯	総所得	**300.5万円**	（100.0%）	192.8万円（1.56人）
	（稼働所得）	55.0万円	（18.3%）	
	（公的年金・恩給）	**203.3万円**	**（67.6%）**	
	（財産所得）	22.9万円	（7.6%）	
	（年金以外の社会保障給付金）	3.4万円	（1.1%）	
	（仕送り・その他の所得）	16.0万円	（5.3%）	
全世帯	総所得	**528.9万円**		205.3万円（2.58人）

※厚生労働省「国民生活基礎調査」（平成26年）による。数値は同調査における平成25年1年間の所得。「高齢者世帯」とは、65歳以上の者のみで構成するか、または、これに18歳未満の未婚の者が加わった世帯をいう。

図表②■どれだけ「公的年金・恩給」に頼っているか

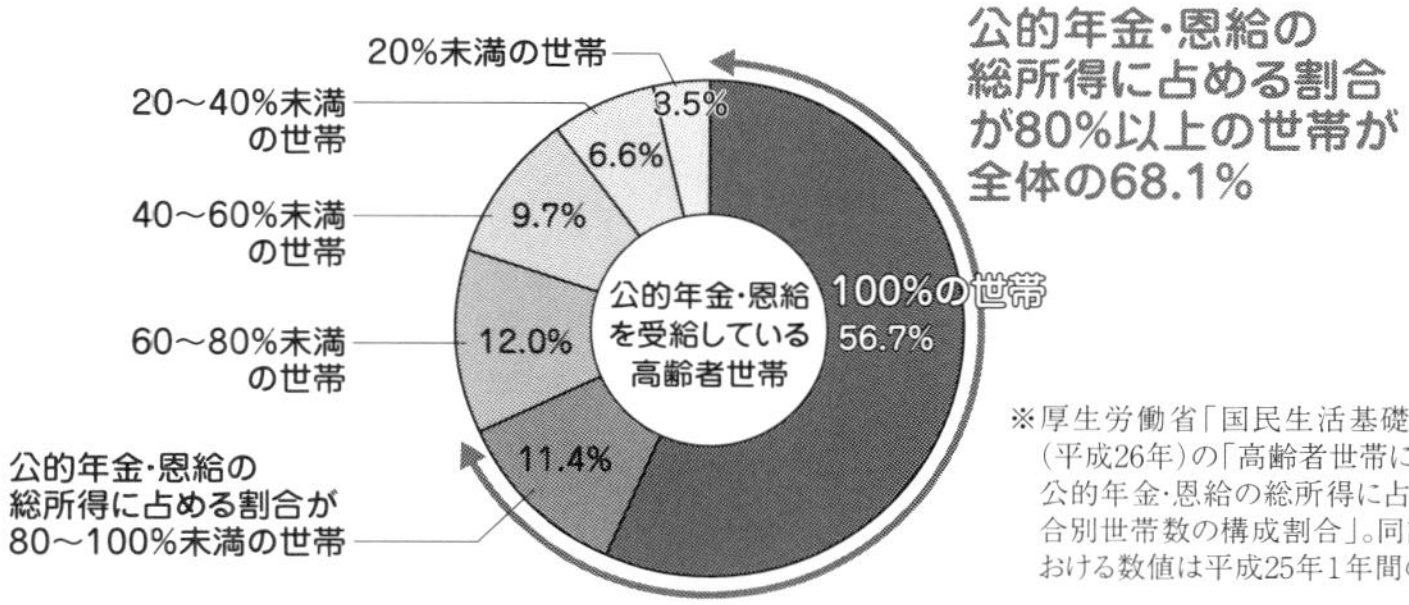

※厚生労働省「国民生活基礎調査」（平成26年）の「高齢者世帯における公的年金・恩給の総所得に占める割合別世帯数の構成割合」。同調査における数値は平成25年1年間の所得

図表③■全国の60歳以上の男女にきいた「貯蓄の目的」

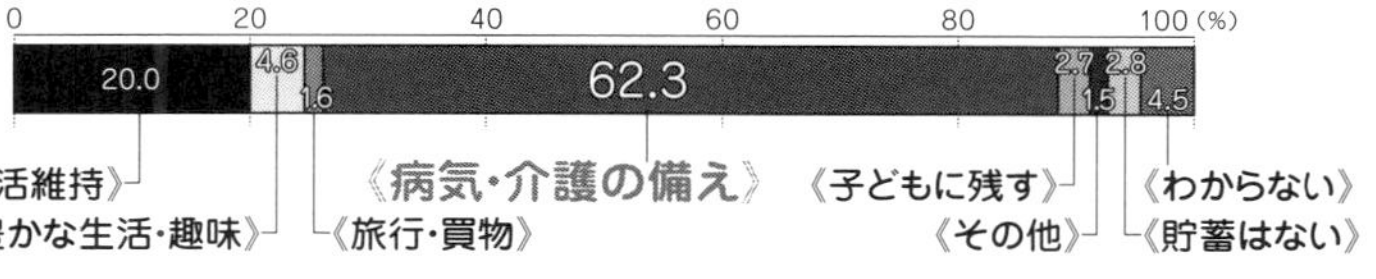

※内閣府「高齢者の経済生活に関する意識調査」（平成23年）

また、平成27年の家計調査によれば、65歳以上の高齢者が世帯主になっている2人以上の世帯のうち、無職世帯の1か月の消費支出の平均は約25・4万円、うち**6・8万円が食料への支出**で、**全体の27%程度**を占めています。

なお、この統計によれば、保険医療への支出の平均は1・5万円で、全体の6%程度です。交際費と教養娯楽費の合計が約5万円で全体の20%程度を占めていることに比べると、それほど多くない印象です。

病気や介護の備えについては、やはり大きな病気にかかるかどうかで支出額が変動しやすいため、支出額の平均の割に不安を感じる人が多いのでしょう（病気への備えとしての保険の活用と考え方については、第3章で詳しく解説しますので、そちらをご参照ください）。

平均はあくまでも平均

次は、**贈与に関するデータ**です。

国税庁の統計データによれば、生前贈与を行なう人は年々増加しています。贈与税の申告をした人が平成21年は約31万人だったのに対して、平成26年では約44万人と、ここ5年で1・5倍近くになっているのが現状です（38ページ図表⑥）。

図表④■消費支出の10大費目別内訳および構成比（平成27年：二人以上の世帯）

	一世帯あたりの月額支出（円）			消費支出の内訳構成比				
	平均	うち世帯主が65歳未満の勤労者世帯	うち高齢無職世帯	平均	うち世帯主が65歳未満の勤労者世帯		うち高齢無職世帯	
				構成比（%）①	構成比（%）②	対「平均」比率（倍）②/①	構成比（%）③	対「平均」比率（倍）③/①
消費支出	287,373	310,584	**253,786**	100.0	100.0	—	**100.0**	**—**
食料	71,844	74,221	**68,405**	25.0	23.9	0.96	**27.0**	**1.08**
住居	17,931	18,842	**16,613**	6.2	6.1	0.98	**6.5**	**1.05**
光熱・水道	23,197	23,363	**22,957**	8.1	7.5	0.93	**9.0**	**1.11**
家具・家事用品	10,458	10,807	**9,953**	3.6	3.5	0.97	**3.9**	**1.08**
被服および履物	11,363	13,647	**8,058**	4.0	4.4	1.10	**3.2**	**0.80**
保険医療	12,663	11,009	**15,057**	4.4	3.5	0.80	**5.9**	**1.34**
交通・通信	40,238	48,115	**28,839**	14.0	15.5	1.11	**11.4**	**0.81**
教育	10,995	18,161	**625**	3.8	5.8	1.53	**0.2**	**0.05**
教養娯楽	28,314	30,240	**25,527**	9.9	9.7	0.98	**10.1**	**1.02**
その他の消費支出	60,371	62,181	**57,752**	21.0	20.0	0.95	**22.8**	**1.09**
うち交際費	22,027	18,190	**27,579**	7.7	5.9	0.77	**10.9**	**1.42**

※「家計調査」（家計収支編）より。金額および構成比は、表示単位に四捨五入してあるので、内訳の計は必ずしも合計に一致しない。

下のレーダーチャートの数値

図表⑤■消費支出の構成比（平成27年：二人以上の世帯における、対「平均」比率）

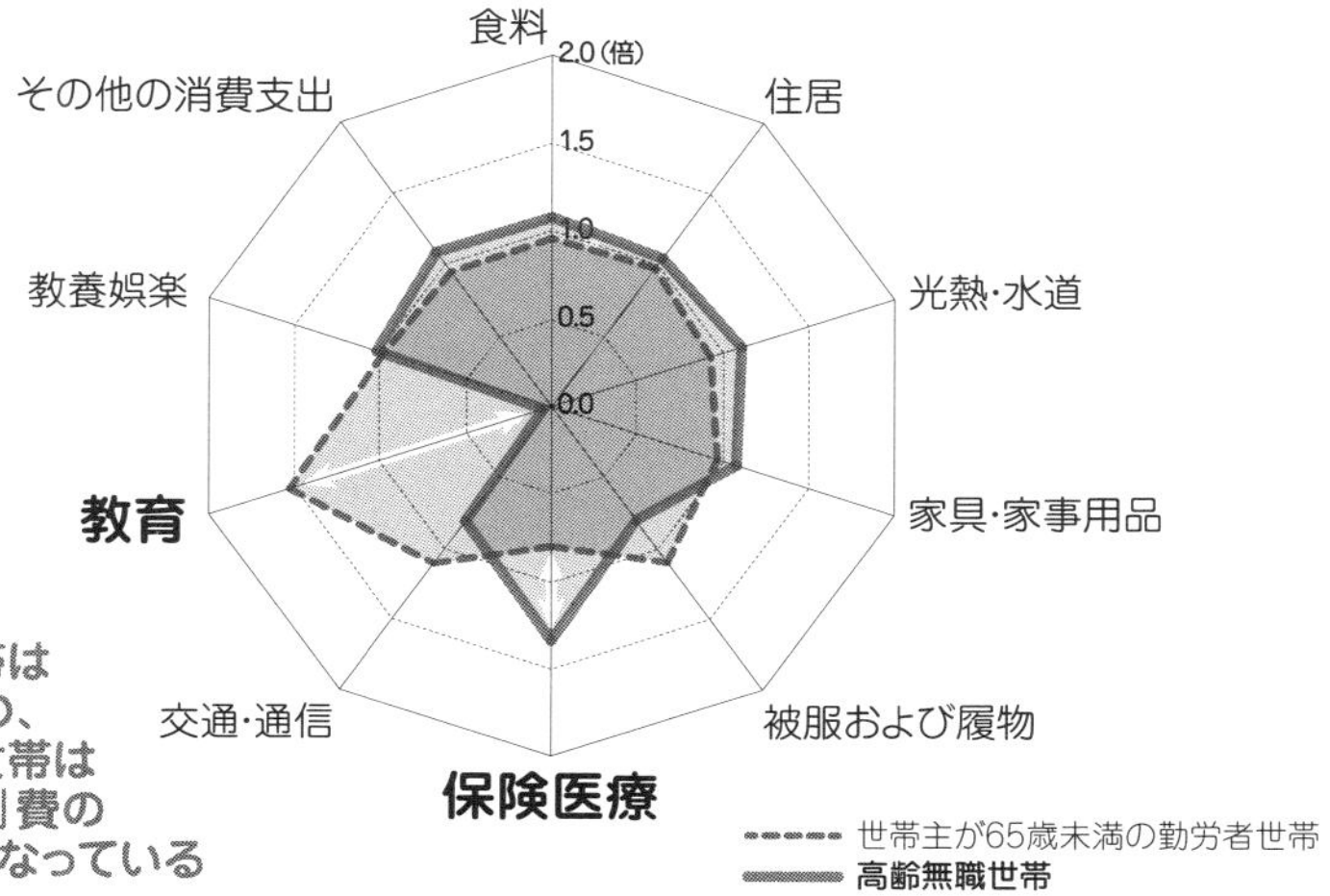

勤労者世帯は「教育」費の、高齢無職世帯は「保険医療」費の比率が高くなっている

メモ

なお、これは贈与税の申告書を出した人数であるため、申告が不要な贈与を受けた人の数は含まれていません。贈与は、年間110万円以下であれば、税金がかからず申告書を提出する必要もないため、申告の数には含まれないのです。そのため、実際に贈与を受けた人の数でいえば、さらに多いといえるでしょう。相続税法の改正で相続税がかかる世帯が増えたこと、また終活について考える人が増え、子や孫世代への資金移動を行なう人が増えたことが要因だと思われます。

図表⑥■近年、贈与税申告者数は増加傾向

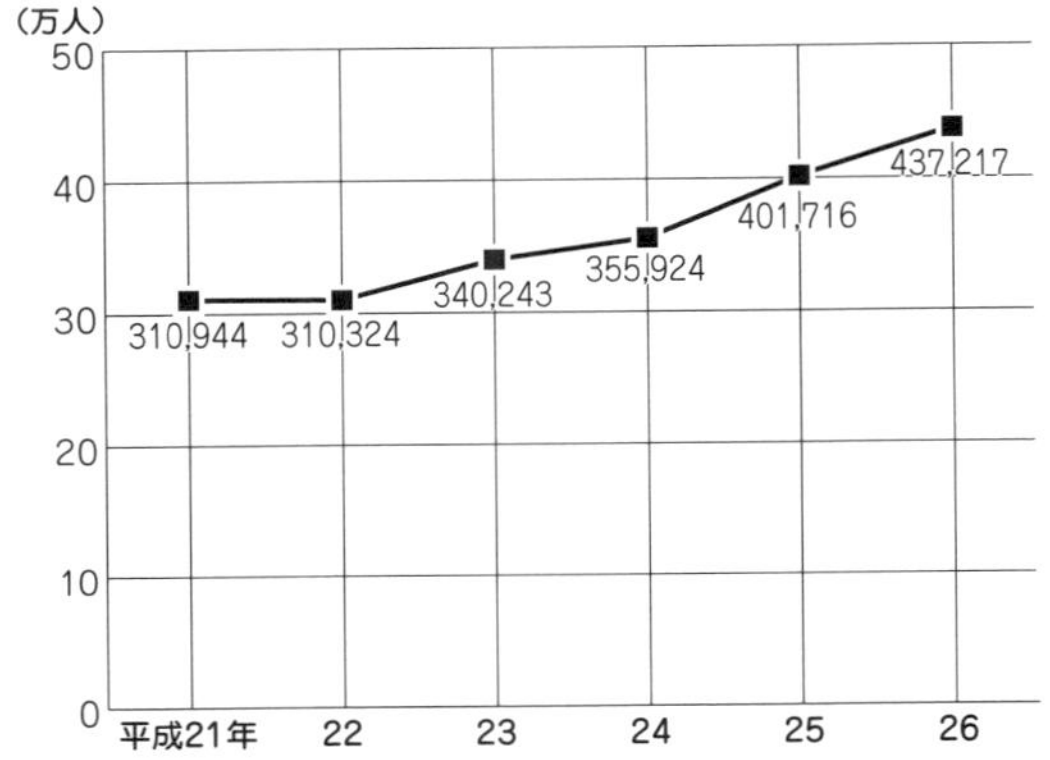

※国税庁「税務統計」（6）贈与税関係―「課税状況の累年比較（合計分）」より作成
https://www.nta.go.jp/kohyo/tokei/kokuzeicho/zoyo2014/pdf/06_kazeijokyo.pdf

このような平均値を知っておくことは重要ですが、一方で「平均はあくまでも平均だ」と認識し、必要以上に振り回されないことも重要です（老後資金としていくらあれば安心なのかという考え方については、第3章で詳しく解説します）。

残す「お金」にかかる税金

終活をする際、やはり気になるのは相続税。相続税については「3代相続すると財産がな

図表⑦■相続税のしくみ

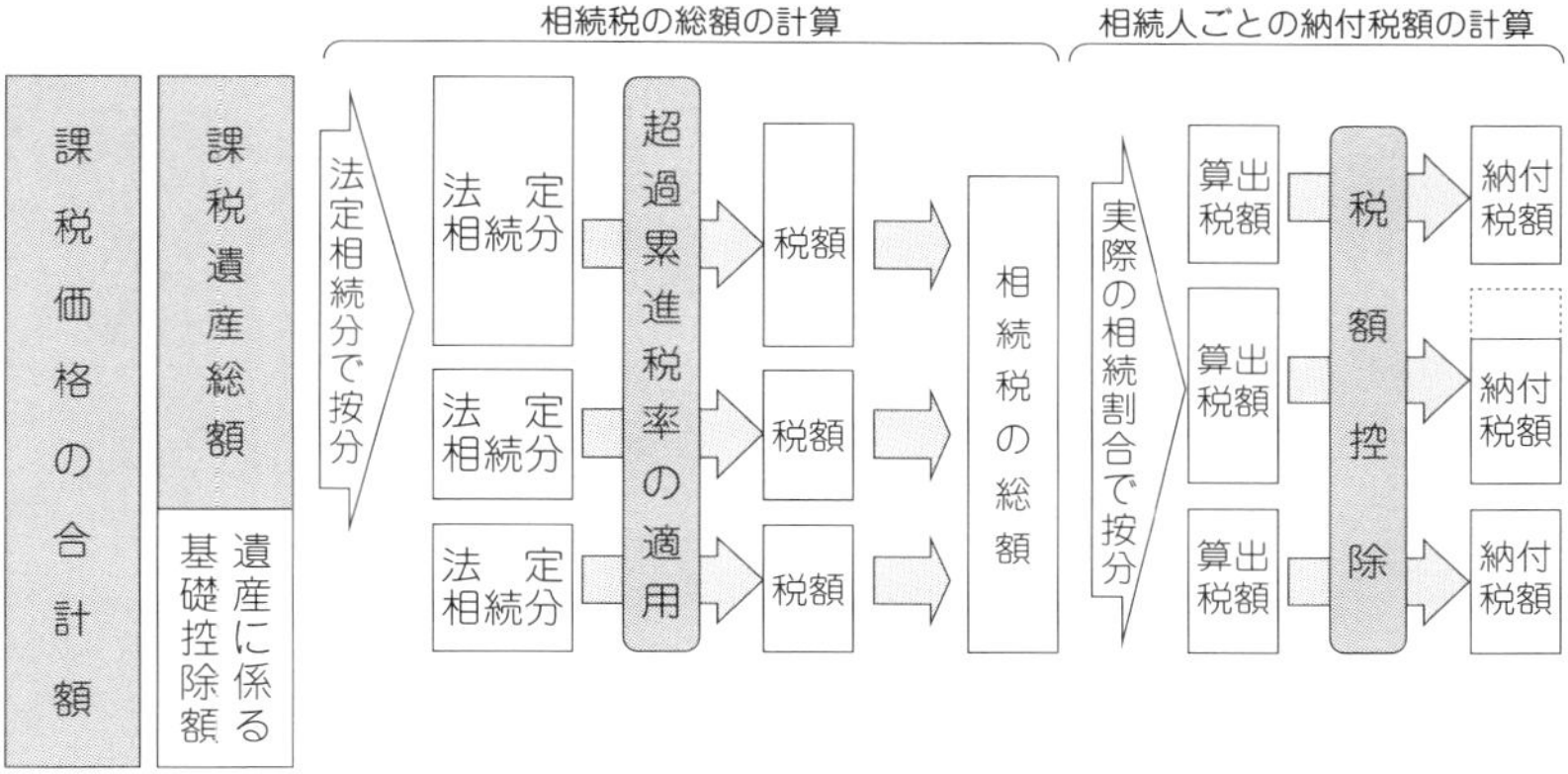

図表⑧■相続税の速算表（平成27年1月1日以降の場合）

法定相続分に応じた取得金額	税率	控除額
～1,000万円以下	10%	—
1,000万円超～3,000万円以下	15%	50万円
3,000万円超～5,000万円以下	20%	200万円
5,000万円超～1億円以下	30%	700万円
1億円超～　2億円以下	40%	1,700万円
2億円超～　3億円以下	45%	2,700万円
3億円超～　6億円以下	50%	4,200万円
6億円超～	55%	7,200万円

図表⑨■相続税基礎控除額早見表

法定相続人の数	1人	2人	3人	4人	5人	6人
遺産に係る基礎控除額	3,600万円	4,200万円	4,800万円	5,400万円	6,000万円	6,600万円

くなる」などといわれ、非常に恐ろしい税金だ、とのイメージがあるかもしれません。

相続税の計算では、図表⑦のとおり、いくつかの段階が必要です。

まず、相続税がかかる財産の合計額である「課税価格の合計額」から「基礎控除額」を控除します。そして、控除後に残った金額を、

・法律で決まった相続人が、

・法律で決まった相続分で分けた、

と仮定した各取り分に、それぞれ図表⑧の税率をかけて税額を計算します。

この税額の合計額が、相続税の総額になります。この相続税の総額を、実際にその相続で財産をもらった人の取り分で按分《あんぶん》し、それぞれ要件にあてはまる加算や減算を行なって最終的に各人が支払う相続税を計算します。

このように、相続税の仕組みはかなり複雑です。実際に計算をする際には、必ず税理士に相談してください。とはいえ、相続税はすべての人にかかる税金ではありません。ここではあなたが相続税の申告をする必要があるかどうか、判断できるよう解説します。

まず、**相続税は何に対してかかる税金か**を知っておきましょう。

相続税は原則として、「亡くなった人が、亡くなったときに持っていた財産」に対してかかります。「亡くなったときに持っていた財産」には、預貯金も入りますし、自宅の土地建物を含む不動産も入ります。ゴルフ会員権などの会員権や上場株式などの有価証券や、細かいものでは電話加入権も財産です。また、自社株も財産に含まれます。「儲かっていない会社の株だから関係ない」ということではありません。**少しでも値段が付くようなものは**（原則として）**相続税の対象になる財産**であると思ってください。

メモ
「預金に課税されるのなら、亡くなる直前にお金を引き出しておけば税金が安くなる」と考える人もいるようですが、相続税は現金にもかかるので、あせって預金をおろしても、ただ預金が現金に変わっただけで、あまり意味がありません。

このほかに、亡くなった人が相続開始前3年以内に相続人など一定の人に対して贈与をした財産も、相続税の計算に含まれます。

なお、この贈与は、贈与税の非課税額である年110万円を超えて贈与税の申告をした贈与のみではなく、年110万円以下の贈与であっても持ち戻して計算される（贈与がなかったものとして、亡くなった人の財産に戻され、相続税の対象になる）ので、注意が必要です。

また、127ページで解説する**相続時精算課税**という特例を使って贈与した財産は、何年前のものであっても相続税の計算に加算されます。さらに、名義だけが孫や子供の名前で、実際には亡くなった人自身が管理していた銀行口座は「**名義預金**」といわれ、贈与が成立していないと判断されれば、亡くなった人の相続税の計算に含まれます。単純に名義のみで誰の財産か判断されるわけではありませんので、注意しましょう（次章で財産の一覧表の作成について記載しますので、財産の計算にはそちらをお使いください）。

これらの財産の合計額が、法律で決められた相続税の非課税枠である「**基礎控除額**」を**超えるかどうか**が重要なポイントです。

財産の合計額が基礎控除額よりも大きければ、財産の合計額から基礎控除額を引いた金額に対して相続税がかかります。

一方、財産の合計額が基礎控除額より小さければ、相続税の申告書自体を提出する必要さえありません。

自分の財産が基礎控除額より多いか少ないかが、あなたにとって相続税の心配が必要かどうかの大きな分かれ目になるということです。まずは自分にとって、相続税がかかりそうかどうかを知っておきましょう。

メモ

相続税の計算には、一定の土地を安く評価してもらえる「小規模宅地の特例」という制度や、配偶者が相続でもらった財産は一定額まで税金がかからないという「配偶者の税額軽減」など、さまざまな特例があります。ただ、これらの特例は、相続税の申告書を提出しなければ適用できないため、相続税がかかるかどうかの判断の際には、これらの特例を適用する前の金額で判定をしましょう。

基礎控除額の計算方法

では、相続税がかかるかどうかの分かれ目となる基礎控除額は、いくらなのでしょうか。

これは、「**3000万円+600万円×法定相続人の数**」で計算をします。

法定相続人とは、遺言書がない場合に、相続で財産をもらう権利のある人、と考えてください。例えば、あなたの相続人が妻と子供2人であれば、法定相続人は3人なので、

「**3000万円+6000万円×3人**」（**※先に「600×3」を計算**）

で、基礎控除額は4800万円となります（法定相続人の人数別の基礎控除額については、39ページの図表⑨に記載してあります。自分に関係する金額だけでも覚えておくとよいでしょう。また相続人のなかに養子がいる場合には、基礎控除額の計算に算入する法定相続人の数に制限があります。詳

しくは152ページを参照してください)。

ちなみに、相続が起きた際、実際には財産をもらわない相続人がいても、遺言書があっても、相続放棄をした人がいても、基礎控除額は変動しません(税法は原則として、平等に課税しようという考えなので、分け方によって税金が大きく変わることのないようにしているのです)。

なお、平成26年12月31日以前に起きた相続では、この基礎控除額の計算が、「5000万円+1000万円×法定相続人の数」でした。これは、平成27年1月1日から相続税法が改正されたためです(新聞やニュースなどで「相続税が増税された」といわれていたのは、記憶に新しいのではないでしょうか)。

前述のとおり、基礎控除額は、相続税の申告書の提出が必要かどうかの基準となる金額です。その金額が大きく下がったということは、それだけ**相続税の申告が必要な人が増えた**ということになります。

しかし、それでも実は、多くの人には相続税はかかりません。前述のように、相続税がかかる人は6%程度(改正後。改正前は4%程度)といわれています。100人の相続が起きたら、90人以上は相続税が関係ない、ということなのです。これは意外に感じる方も多いのではないでしょうか。

そのため、まずは**相続税の細かい計算よりも、自分や家族にとって相続税の心配が必要かどうかの判断が先決**なのです。

そのうえで、相続税がかかりそうであれば税理士にシミュレーションを依頼したり、節税対策の検討をしたりするとよいでしょう。相続が起きてしまってから節税をするのは困難です。相談をするのが早ければ早いほど、できる対策の選択肢が多くなりますので、ぜひ早い段階から検討しておいてください。

◉お金の終活【現実に向き合う】その（4）

エンディングノートでは、「お金」は残せない

残念ながら、法的効力は一切なし

終活ブームのなかで特に流行しているもののひとつに、「エンディングノート」があります。エンディングノートとは、終活の際に自分の想いや状況を整理するために使用する書き込み式のノートで、書店などで購入できます。

一般的に、以下のようなページが設けてあります。

・自分の財産の種類や所在を記載するページ

・葬儀や介護についての希望を書くページ
・緊急時（病気になったときや相続が起きたとき）**に連絡してほしい相手先一覧を書くページ**
・自分の人生を振り返り、年代ごとの想い出や嬉しかった出来事を記載するページ

私の記憶では、少なくとも8年ほど前は、エンディングノートという言葉自体、知っている人のほうが少数でした。それがいまやテレビ番組で取り上げられることもありますし、書店にも多くの種類が並んでいます。エンディングノートの書き方を教えるような講習会なども、各地で開催されています。

エンディングノートはとても便利なノートで、順に埋めていけば、自分の終活について考えられるようになっています。一度にすべてを書くのは大変ですが、少しずつ埋めていくことで考えの整理ができ、また過去の出来事を思い出すことで、懐かしい想いに浸《ひた》ることもできるでしょう。

ところが、エンディングノートには、多くの誤解が存在します。

まず、エンディングノートとは、何か決まった様式のものではなく、**終活のための整理ができる書き込み式書籍の総称**です。さまざまな企業や団体が作成していて、その名称もさまざま。内容もそれぞれ異なりますし、大きさも多種多様です。

そしてもうひとつ、エンディングノートには、法的効力はありません。あくまで、**自分の日記帳や手紙と同じ**です。ただ、考えの整理や記録がしやすいように、記載項目や枠が区切ってあるだけだと考えてください。

法的な効力がないにもかかわらず、エンディングノートに「この財産は長男に相続させる」などと遺言書のようなことを書いている人を見かけます。エンディングノートには**自由記述のメモ欄**があることも多く、そこに**遺言書のようなこと**を書いているのです。しかし、遺言書はとても重要な法律文書ですから、エンディングノートのなかにただ希望を書いただけでは、遺言書としての法的効力は生じません。

エンディングノートに希望のみを記載して、遺言書を作成しなければ、いざ相続が起きた後で、自分にとって有利な内容がノートに書いてあるのを見つけた相続人はその内容で財産をもらいたいと主張し、反対に不利な内容が書いてあった相続人は不満心から了承せず、無用な争いのもとになったりします。

財産を渡したい相手が決まっている場合には、エンディングノートとは別に、必ず遺言書を作成しておいてください。エンディングノートだけでは、あなたの家族（や大事な人）

にお金を残すことはできません。エンディングノートには法的効力がないことを知ったうえで、あくまで**自分の考えの整理に使うもの**と考えておきましょう。

書いて終わりではなく、その先の対策につなげよう

法的効力がないとはいえ、エンディングノートにメリットがないわけではありません。

自分の人生と向き合い、人生の棚卸《たなおろ》しをすることは、終活を行なううえで最も大切なことのひとつです。遺言書の作成など具体的な対策に入る「準備段階」として、エンディングノートを活用しましょう。

エンディングノートは前述のとおり、内容や順序が統一されているわけではありませんが、多くのノートで**自分の人生の振り返りができる**ようになっています。人生のなかで嬉しかったことや楽しかったこと、また、家族との想い出について記載できるものも少なくありません。夫や妻と出会ったときの想い出や、子供が生まれたときの気持ち、子供が小さいころのエピソードなど、書いているうちに想い出がよみがえってくるでしょう。

終活の基本は、

「自分の大切な人が困らないために、何をどのように残してあげればよいのだろう」

と考えることです。

エンディングノートは、こうした**想いの整理**をするのにとても便利です。

また、法的拘束力がないとしても、いざというときの希望を家族に伝えておくことは大切です。介護や葬儀などの必要性が生じたとき、本人の希望がわからなければ家族は困ってしまいます。

このような話は、直接伝えるタイミングが難しいものです。介護はどのような形を希望するのか、希望する施設はあるのかということや、葬儀についての希望なども、ぜひエンディングノートに記載して、あなたに万が一のことが起きたとき、家族が見られるようにしておきましょう。

このようにエンディングノートは活用の仕方によっては有用ですが、それのみでお金の終活を完成させるものではありません。ですから、エンディングノートはあくまで、遺言書の作成や生前贈与など**具体的な対策に入る前の下準備**と考えてください。

エンディングノートにいくら希望を書いたところで、相続が起きたとき、そのノートを使って名義変更などの手続きができるわけではありません。

例えば「孫に相続で財産を渡したい」とエンディングノートに書いたとしても、遺言書がなければ、相続人ではない人に相続で財産を渡すことはできないのです。

また、「なかなか顔を見せない長男より、いろいろ世話をしてくれる長女に多く渡したい」とノートに書いたところで、長男が納得せず、法律で決まった取り分である法定相続分を主張すれば、お互いが納得のいくように話し合いをする必要があり、「争族」になってしまう可能性があります。

このように、エンディングノートだけでは、あなたの想いは実現できないのです。**エンディングノートは書いて終わりではなく、書くことがお金の終活のスタート地点あるいは通過点だ**という認識でいたほうがよいでしょう。

◉お金の終活【現実に向き合う】その(5)

変わる現実と、「お金」にまつわるこれだけの不都合

いわゆる「お金持ち」でなければ相続は関係ないのか？

資産の額と、相続でもめるかどうかが関係ない旨は前述しましたが、これには私の主観だけでなく具体的な根拠があります。ここでは、データと事例を交えて具体的にお伝えしていきます。

相続でもめて、自分たちの話し合いだけで結論が出せない場合には、裁判所に舞台を移して協議することになりますが、裁判所が公表しているデータによれば、平成26年中に裁判所まで持ち込まれた遺産分割案件で、何らかの形で結論が出た認容《にんよう》・調停成立の件数が

８６６４件。このうち相続財産の総額が５０００万円以下の案件が６４８９件で、なんと約75％です。さらに、相続財産総額を１０００万円以下にまで絞っても２７６４件も存在し、約32％もの割合を占めるというのです。

この「相続財産総額」は、主に「亡くなった人が、亡くなったときに持っていた財産」を指しますが、もちろん現金や預金のみではなく、自宅である土地建物等の不動産も含めた金額です。

メモ
34ページで貯蓄額平均について紹介しましたが、この貯蓄額平均はあくまで世帯の貯蓄であり、不動産の額は計上されていないため、単純な比較はできません。それでも死亡時の財産総額が１０００万円以下というのは、平均と比べて決して多くない額であることは、おわかりいただけるのではないでしょうか。

相続で家族が争う「争族」が、財産が何億円もあるお金持ちだけの話ではないということは、このようなデータから見ても明らかなのです。

裁判所まで行って相続の争いをしている人の大半が、財産総額「５０００万円以下」で、また４分の１以上が「１０００万円以下」の財産をめぐる争いだという事実に、衝撃を受ける人も多いのではないでしょうか。

そして実は、財産が「自宅しかない」人は、いざ相続争いになったときに厄介です。

考えてみてください。財産が自宅のみである場合、相続人が複数いて、それぞれが「自分が欲しい」と主張したら、どう分けるのでしょうか。

このとき、安易に「では2分の1ずつ名義を入れよう」と共有にすることはお勧めできません。いずれあなたの子供にも相続が起きます。すると、その不動産の名義も相続され、次の世代にうつります。これを繰り返すことで、関係者が芋づる式に（よくいえば末広がりで）広がっていき、血縁関係の遠い人どうしが共有することになるためです。

そうなると、非常に使い勝手の悪い不動産になり、いざ誰かの名義に集約しようにも、困難を極めます。

そのため、誰か1人の名義にすることが望ましいのですが、ここで問題が生じます。以前は、「自宅というのは、長男が継ぎ、守っていくものだ」という考えが常識でした。これは、相続について定めている民法（旧民法）で、相続は基本的にその家を代々守っていく長子が引き継いでいくものだという**長子単独相続制**を採用していたためです。

この考えは〝家を継いでいく〟という日本の風土に合っており、昭和22年に法律が改正され、子供は長男も二男も長女も二女もみな平等に相続すべきという**諸子均分相続制**に改められてからも、長らく根付いていていました。

しかし、法律改正後、世代を経て、現行の法律と同じく、子供はみな平等に相続する権利があると考える人が増えています。

「いくら自宅しか財産がなくても、自分の取り分が少ないのは不公平だ。家を長男が相続するなら、家の金額の半分を自分にくれないと納得しない。払うお金がないなら、自宅を売ったお金を分けよう」という主張も、実際にありうる話なのです。

「自宅なんて、長男がもらうのが常識」だと漠然と思っているのだとしたら、一度それが本当にあなたの子供世代にも通じる「常識」なのか、家族が集まったときに直接聞いてみてください。自分のこととして話しづらいのであれば、

「そういえばテレビで見たのだけど、最近は相続について、きょうだい平等に分けると考える人も増えているらしいね。おまえたちはどう思う？」

などと、まずは雑談として聞いてみるのもひとつです。

もしかしたら、反応を聞いて驚くかもしれません。あなたが先代から自宅を引き継いだときとは違う常識を持つ人も増えているのです。

「先回りできる」のは「いま」だけ

このような問題は、元気なうちであれば、いくらでも対策は可能です。

仮に相続人が長男と二男の2人で、長男に家を継がせたいのであれば、長男に自宅の土地建物を相続させる旨の遺言書を作成し、それとあわせて、自分を被保険者、長男を受取人にする生命保険金をかけておく、などです。こうすれば、相続が起きたとき、長男はまず、自宅の名義を二男の協力なく自分の名義に変更することができます。

また、万が一、二男から最低限の取り戻し権である遺留分について返還の請求をされた場合でも、受け取った生命保険金から支払うことが可能なので、自宅を売却せずにすみます。

なお、具体的な対策や注意点は状況によって異なりますので、実際に対策をする際には必ず専門家に相談するようにしてください。

このように、生前元気なうちであれば争いの予防ができますが、実際に相続が起きてしまってからでは、解決は困難です。一時的に不動産を共有にしたところで、問題を先送りにし、さらに複雑にするだけです。

図表⑩■「主な財産が自宅のみ」である場合の対策イメージ

〈何も対策のない場合〉

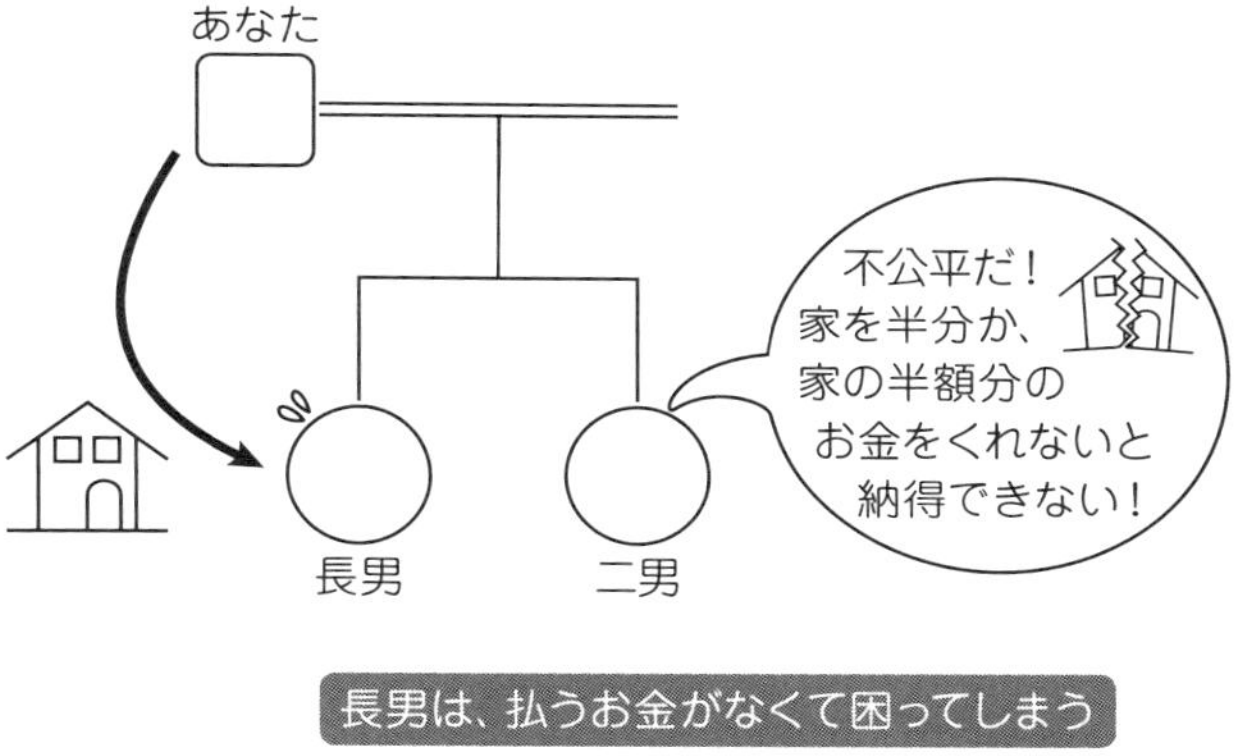

〈対策例〉

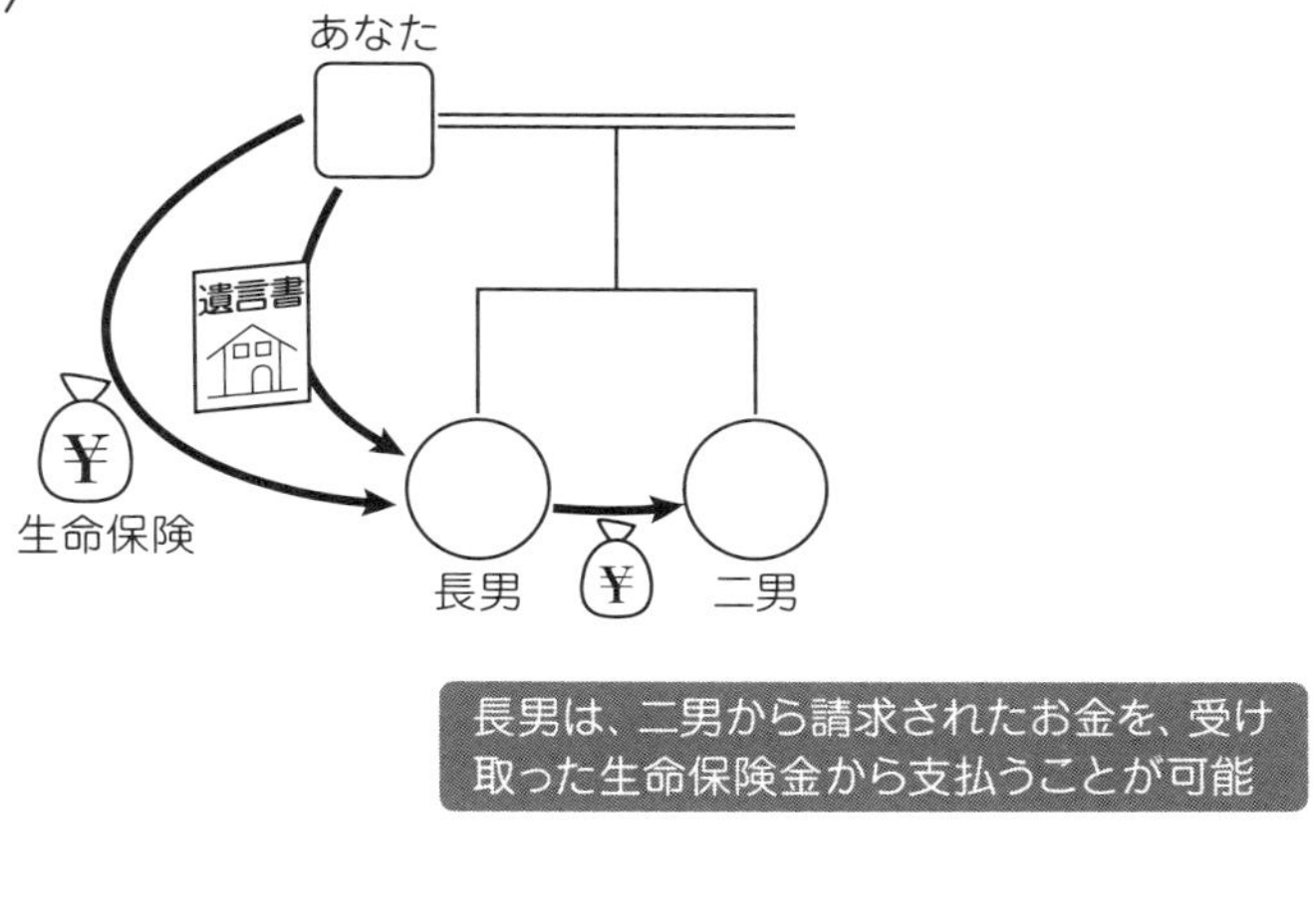

相続でもめるのは、お金持ちだけの話ではありません。そして、自宅は長男が継ぐものだという常識は、変化しつつあります。この現実を知ったうえで、主な財産といえば自宅だけ、という人も、早め早めの対策を検討してください。

相続が起きた後に困る「お金」の話

では、相続が起きたときに家族がもめる心配がなければ、対策は不要なのでしょうか。実は、相続争いにならなかったとしても、もうひとつ注意すべき点があるのです。

それは、**お金があるのに使えない**という問題です。

相続が起きたことを銀行が知ると、その時点で亡くなった人の銀行口座からお金をおろすことができなくなります。これを**銀行口座の凍結**といいます。

口座の凍結は一時的なものではありません。手続きのために必要な書類を集めて、そして誰がその銀行口座のお金を引き出すのかという点で全員の合意が得られるまで、ずっと凍結されたままなのです。

銀行口座の解約などの相続手続きには、亡くなった人の出生までさかのぼる除籍謄本《じょせきとうほん》や改製原戸籍《かいせいげんこせき》謄本といった、日常ではあまり見ることのない書類を集める必要があります。

これは亡くなった人の相続人が誰なのかを確定するために必要なのですが、遠方に本籍を置いていた時期があったり転籍が多かったりすると、これを集めるだけで一苦労です。転籍の数や相続人の状況によっても異なりますが、相続人が配偶者と子で、市町村をまたぐ転籍が2～3回、という一般的なケースであっても、収集に1か月近くはかかると思ってください（転籍が多い場合や、相続人が兄弟姉妹である場合には、さらに多くの書類が必要になり、書類を集めるだけで2～3か月かかることもあります）。そのうえで、誰がその銀行口座のお金をもらうのかという話し合い（「遺産分割協議」といいます）と、その話し合いの証拠になる書類への押印が必要です。話し合い自体がスムーズにすんだとしても、相続人が遠方にいる場合には、そのやり取りに余分に時間がかかります。

さらに、相続人のなかに未成年者や行方不明者、認知症の人がいると、原則としてその人は単独で遺産分割協議ができません。そのため、代わりに印鑑を押す人を家庭裁判所で選ぶ必要が生じる場合があります。これが必要な場合には、さらに長引きます。

このように、相続が起きた後、亡くなった人名義の銀行口座の解約をするためには、非常に時間を要します。この間、口座はとまったままで、口座からお金をおろすことも不可能です。その人のお金で家族が暮らしていた場合などには、この間、生活に困ってしまうことにもなりかねません。これは別に、**お金持ちや、相続争いをしている人に特有の話ではなく、すべての人に起こりうること**なのです。

とにかく、相続税の心配がなくても、相続人どうしでの争いがなくても、このように銀行口座の凍結でお金がおろせず、家族が困るケースがあることを知っておいてください。

そのうえで、元気なうちから対策をするようにしましょう。

お金の終活をする際には、単にお金を残すだけではなく、相続が起きた後に家族が大変な思いをせず、スムーズにお金を受け取れることを重視してください（これについての具体的な対策と詳細は、第5章でお伝えします）。

◉お金の終活【現実に向き合う】その（6）

お金の終活で、あなたも家族も幸せになる

後悔しない「お金の終活」

この章では、一貫してお金を残すための終活の大切さについて伝えてきました。本書のタイトルでもある「お金の終活」とは、あなたに相続が起きた後も、大切な家族が困らないよう、しっかりお金を残すための終活です。

そもそも「終活」は、何のためにするのでしょうか。

もちろん、**自分の晩年の過ごし方や葬儀について自分の希望を叶えるため**という側面もあります。しかし、それだけではなく、**次の世代や残される家族へ円満に資産を引き継ぐ**

ためのものという側面もあり、遺言書の作成や、生前贈与などの具体的な対策も、きちんと行なうべきなのです。

自己満足な終活や、全体を見ずに節税など一部の対策だけに偏った終活では、何のための終活だったのか、本末転倒です。

例えば、多くの場合、２０００万円の現預金と、２０００万円で建築したアパートでは、アパートのほうが相続税を計算する際の評価額が低くなります。そのため、アパートを建設することで相続税を減らす「節税対策」があり、あなたも聞いたことがあるかもしれません。

しかし、こうした文句につられて、現預金の大半を使ってアパートを建てた結果、相続税が安くなったとしても、お金をほとんど不動産に変えてしまったことで、「相続税を払うお金がない。しかも相続人は遠方に住んでいるので、そのアパートを誰が管理すればよいのかと困ってしまった……」というような例もあるのです。

たくさんお金をかけて対策をしても、家族にとって的外れでは意味がありません。結局のところ、「いかに後に問題を残さず、お金を残すか」がすべてなのです。このことを忘れないようにしましょう。

あなたが守ってきた財産のなかには、先祖代々紡《つむ》いできた財産もあるはずです。また、あなた自身が築き上げた財産もあるでしょう。金額の多寡にかかわらず、本来であれば残してくれたことに感謝されるべきです。

にもかかわらず、対策が不十分であったり、そもそも何も対策がなければ、もめごとの原因になったり、煩雑な手続きで家族が疲れ果ててしまったりと、感謝されるどころか困らせてしまうことにもなりかねないのです。

残念ながら、エンディングノートを書いたり、セミナーに出たりするだけでは、終活は完結しません。もちろんセミナーで相続の現状を知り、知識を持っておくことは大切ですし、前述のとおりエンディングノートはあなたの想いを整理することにとても役立ちます。

しかしこれだけでは、あなたの家族にお金を残すことはできないのです。

中途半端な終活では、残された家族は困ってしまいます。家族や大切な人にお金を残すため、ひとつずつ「お金の終活」をはじめていきましょう。

「お金」の終活に必要な4つのこと

では、お金の終活を進めるため、具体的にどうすればよいのでしょうか。全体像は以下のような流れです。

ステップ①　自分のお金・財産を「把握」する

まず、あなたの持っている財産やお金について、整理してみましょう。自分の財産については、知っているようで、きちんと整理をしている人は意外と多くありません。相続税の申告に使うような細かい計算までは不要ですが、**どこに何があるのか**、そしてあなたの財産はすべて合計して**どのくらいあるのか**については、知っておくことが必要です。

ステップ②　「お金」について正しく知る

次に、お金についての正しい知識を持つことです。やはり「よくわからない」状態では、漠然とした不安が付きまといます。**老後の必要資金の考え方**や**保険との付き合い方**、そして**節税の基本の考え方**について、知っておきましょう。

ステップ③　「相続」について正しく知る

あなたの終活が正しかったのかどうか、その答えは、実際に相続が起きてからでないとわかりません。そのため、相続が起きた後に必要となる手続きや、家族が困る事例、そして相続争いの本質などについて知っておくことが必要です。**起こりうる問題を知る**ことで、その問題を起こさないための対策が可能になります。

ステップ④　具体的な対策を「検討」する

家族や大切な人に問題なくお金を残すため、**あなたに必要な対策**を知りましょう。そのうえで具体的な対策を実行してください。ただお金を残すだけではなく、スムーズに受け取れるかどうかも、重要なポイントです。

ここまで行なうことで、ようやくあなたの終活はひと段落です。あなたや家族が後悔しないため、お金の終活を行なっていきましょう。詳細は、次章以降で解説していきます。

第2章

【資産を把握する】

終活のプロが教える、老後のお金の完全把握とは？

◉お金の終活【資産を把握する】その(1)

なぜエンディングノートではお金の把握が足りないのか？

エンディングノートは最後まで書けましたか？

この章では、あなたのお金を完全把握し、一覧表を作成する方法についてお伝えします。

財産の一覧表を作成する目的はふたつあります。

ひとつは、「自分にとって必要な対策を検討するため」。

そしてもうひとつは、「万が一のことがあった際に、家族が『どこに何があるか』を知り、スムーズに手続きに入れるようにするため」です。

終活をするときは、ただ何となく相続対策をしたつもりになっただけで終わらないために（また、不要なことに労力を割かないためにも）、常に「これは何のために行なうのか？」という目的を忘れないようにしましょう。

さて、財産の一覧表を作成する際、エンディングノートを活用しようと考える人も多いのではないでしょうか。エンディングノートの様式は一律ではないのですが、その多くで財産の一覧を書く欄が設けられています。しかし、エンディングノートの記入だけで財産の把握ができるかといえば、大きな疑問が残ります。市販のエンディングノートでは、なかなか財産を把握しきれないのです。

順番としては、**まず財産を把握すること**。財産を把握してからエンディングノートを記載したほうが、終活の流れに沿っています。

エンディングノートの目的は、そもそも終活全般の考えをまとめることにあり、財産の把握をすることだけが目的ではありません。そのため、財産以外について記載する項目が大半を占め、財産についてまとめるページはほんの一部です。最初のほうから書きはじめると、家族のこと、お世話になった人のこと、過去の出来事、葬儀の希望……と続き、なかなか財産の項目までたどり着けないのです。

現実的には、エンディングノートはボリュームも多く、最後まで書き込みきれる人は少数です。実際、すべての項目が埋まったエンディングノートを私は見たことがありません。

これは、致し方ないことだと思います。エンディングノートは事実のみを書くのではなく、自分の想いや過去、将来と向き合う必要があり、これはノートを開いてすぐに項目を埋められるものではないでしょう。自分の人生と向き合うとても大切な事柄なので、簡単に書けることではありません。それよりは、単に事実をまとめていけばよい財産の一覧のほうが、はるかに作成しやすいはずです。そして、財産について把握したうえで自分の人生と向き合い、誰にどの財産を残そうか、と考えるほうが、具体的な対策についての検討もしやすくなります。

だからこそ、**財産の一覧は、エンディングノートよりも先に書いておくべき**なのです。

自分の想いと向き合い、誰に何を残そうか、と考えるのは、財産の一覧表を作成してから――。この順番を間違えると、エンディングノートを書く段階で疲れてしまい、終活を「やったつもり」になるだけで、なかなか先へ進めません。

また大半のエンディングノートでは、財産を書くといっても、どこまで細かく記載すればよいのかわかりません。財産の一覧表をつくるといっても、税務申告等のために使う資料を作成するわけではありませんので、必要以上に細かい計算までは不要です。**財産の漏**

れがないように、そして**金額についてはある程度大まかに作成する**ことが、終活における財産把握のカギなのです。

ここでも何のために財産の一覧表を作成するのかという目的を忘れないようにし、そしてエンディングノートを書くより先に、財産の把握をするようにしましょう。

何度も書き直そう

では、財産の一覧表はどのように作成すればよいのでしょうか。95ページに財産の一覧を記載するシートの一例を示してあります。このシートを使って作成してみましょう（具体的な計算方法は、本章「その（3）」＝90ページ以降で解説します。また、見落としがちな資産については「その（4）」＝120ページ以降に記載していますので、そちらも参照してください）。

一覧表作成の段階では、評価額について詳細な計算までは必要ありませんが、財産自体の漏れがないように注意が必要です。

財産の一覧表は一度作成して終わりではなく、毎年更新するようにしてください。繰り返しになりますが、一覧表作成の目的は「自分にとって必要な対策を検討するため」のほか、「万が一のことがあった際に、家族がどこに何があったかを知り、スムーズに手続きに入れるようにするため」です。一度書いたきりで更新がないままでは、いざ、あなたの相続が起きたときに、一覧表に記載のない財産が手続きから漏れてしまったり、「一覧表に書いてある財産が見つからない！」と、家族が混乱してしまったりします。

毎年、例えば自分の誕生日に更新する、というふうに習慣化しておくとよいでしょう。

その際に、最新のものがわかるように**必ず作成日を記載**してください。そのうえで古いものは破棄するか、古いものも保存したい場合は、誰が見ても古いことがひと目でわかるように、古いものには「これは最新ではない」などと明記しておきましょう。

毎年の更新が前提となるため、95ページのシートは、印刷をして使うか、フォームを真似て作成してください。手書きでもつくりやすいように、フォームはできる限りシンプルにしてあります。

なお、パソコンで作成しても構いませんが、その場合は必ず、完成したものをプリントアウトして、自宅の金庫や机の引き出しなど、あなたが大切なものを保管する場所として家族が知っている場所に保存するようにしましょう。

パソコンは通常、起動したときにパスワードの入力が必要ですが、パソコンのなかだけにデータがある状態では、いざというときに家族が見ることができません。

故人が生前、「自分の財産についてまとめてある」といっていた。にもかかわらず、プリントアウトしていなかった。そのために見ることができず、結局イチから財産を探すハメになった——というケースも実際にありますので、注意が必要です。

財産の一覧表は一度つくって終わりではありません。常に最新のものにアップデートすべきであることを知ったうえで作成しましょう。

◉お金の終活【資産を把握する】その(2)

エンディングノートのプロは、現場のプロではない

終活、相続対策は誰のためにするのか？

終活ブームのなか、エンディングノートのセミナーや終活関連のセミナーが増えたことは前述のとおりです。そして、それにともない、エンディングノートや終活のプロを名乗る人も、非常に増えました。しかし、彼らの指南を受ける際には注意が必要です。それは、終活やエンディングノートの専門家と呼ばれる人たちのすべてが、現場を知る「実務家」とは限らないということです。

すでに何度も述べたとおり、本書のテーマであるお金の終活の目的は、「いかに後に問

題を残さず、お金を渡すか」です。何かの対策を行なうときは、その対策をしたことでうまくいったのか、問題は防げたのか、という結果がすべてであるはずです。終活であれば当然、終活を行なった結果、大切な人に問題なくお金を残すことができたのかどうかがすべてなのです。終活をすること自体が目的になっては意味がありません。そのため私は、終活関連のプロを名乗る以上は、相続についての法律知識があるのはもちろんのこと、それ以上に、相続が起きた後の**現場を知っていること**が絶対条件だと思っています。

相続が起きた後に起きうる問題は、決して理屈のみで語れるものではありません。そして、一般化できる問題ばかりでもありません。

「あなたの家族が、あなたの財産を問題なく受け取れるかどうか」という、きわめて個別事情の強い、具体的な問題なのです。だからこそ、相続の対策、すなわちお金の終活をするためには、実際に相続が起きた後の流れや起きうる問題を、どこまで想定しているかが重要になります。

もちろん、「法律的に見れば、こうしておけば大丈夫なはずだ」という法的な知識も大切です。しかし、それだけでは終活を行なううえでは不十分です。

例えば、金融機関などでは相続手続きについて、法律とは異なる独自ルールが存在します。こういった相続が起きた後の実務をどこまで知っているかによって、対策は違ってくるはずです。また、相続が起きた後の遺族の心情や、実際に困っている事例を、どこまで知っているのか。家族の想いにどこまで寄り添っているのか。これも大変重要です。

繰り返しますが、相続の問題は理屈だけでは解決できません。ひとりの人間がこの世を去った後で家族が感じる、受け入れられない感情や後悔、さまざまな想い、悲しみのなかで押し寄せる慣れない大量の手続きへの焦り、不安……。そういった生々しい現実をどこまで見ているか。

例えば、相続でもめるときは、単にお金が多くもらえればよいという話ではないはずです。幼い頃の記憶や、親から受けた愛情、これまで家族だからこそいえなかった不満や我慢してきた感情など、もっと身近で、心情的な問題を含んでいます。裁判をして勝てばそれでよいのかといえば、そうとも限りません。相続で争うということは、血縁的に近い者どうし、もしくは同じ被相続人にとっての近しい者どうしです。いくら裁判で勝っても、お金以上にかけがえのないはずの家族の絆が失われることになりかねません。

あなたが終活のサポートを受ける際には、こういったことも想定したうえで、万が一、争った際の有利・不利のみではなく、**そもそも争いに発展しないよう配慮してくれる専門**

家を選ぶことが必要です。

もちろん、エンディングノートや終活の専門家がすべて現場を知らないといっているわけではありません。国家資格者であれ、民間資格者であれ、現場を知らない人もいる、ということです。また、もちろん相続関連の法的な知識が必要だというのは大前提です。

エンディングノートや終活の専門家だからといって、すべての人が現場に詳しいわけではないこと。「スムーズに」お金を渡せるかどうかまでは考えていない可能性についても知っておいてください。

その専門家、相続が起きた後の手続きに詳しいですか？

相続が起きた後の問題に、机上の空論だけでは対策ができないことは前述のとおりです。そしてこれは、法律上問題がないかどうかと、相続手続きをスムーズに行なう対策ができるかどうかが別問題であることも意味します。

では、法律を知っていたとしても相続が起きた後の現場を知らないことで、具体的にどのような問題が生じるのでしょうか。例を挙げて説明します。

まずは、**銀行預金の手続き**です。金融機関には法律と異なる独自ルールが存在することは前述しましたが、そのひとつに、**相続発生後の普通預金の取扱い**があります。

法律でいえば、**普通預金は「可分債権《かぶんさいけん》」**です。

可分債権とは、自分の持ち分だけを切り離して請求することができる権利だとイメージしてください。可分債権は、相続が起きると法律上当然に分割され、各共同相続人がその相続分に応じて権利を承継する、と考えられ、これには裁判例も存在します。

つまり、仮に相続人が子2名のみで、銀行口座の普通預金が400万円であれば、それぞれ200万円（400万円の2分の1）を、なんら話し合い等をすることなく取得できる、ということです。

しかし、この取扱いをしている金融機関は、現実にはほとんどありません。実務上、亡くなった人の銀行口座からお金を引き出すには、原則として**相続人全員が押印をした書類が必要**です。ほかの相続人の同意なく、自分の法定相続分だけを引き出すなど、現実の手続きでは、遺言書がなければほぼ不可能なのです。

メモ

ただし、預金が遺産分割の対象にならないとするこれまでの判例は現状に即していないことから、近い将来見直される可能性が高まっています。判例の見直しにともない法令も改正される可能性が高く、今後の情報に注意が必要です。

そもそも自分の法定相続分だけ預金を引き出したいということは、急を要する事情があるはずです。金融機関との交渉や裁判に期間を要するくらいなら、家庭裁判所に持ち込んででも、押印してくれない相続人との交渉を進めたほうがよいでしょう。

相続人の立場からすれば、最終的に引き出せるかどうかではなく、相続発生後、早期に引き出せるかどうかが重要なのです。お金の終活をする際には、結果的に財産を渡せるかどうかだけではなく、相続が起きた後できるだけ早い段階でスムーズにお金を渡せるかという視点を忘れないでください。

大迷惑！「対策したつもり」の遺言書

別の例を挙げます。

「前妻の子であるAに〈4分の1〉を、後妻との子であるBに〈4分の3〉を相続させる」という内容の遺言書があったとします。これを、どう思いますか？

遺留分という最低限の取り分も侵害していませんし、法律上の要件もすべて満たしているとします。しかし私の意見では、これは最悪な遺言書です。

なぜだかわかりますか？

おそらくこの遺言は、前妻の子と後妻の子が相続でもめないように作成した遺言書なのでしょう。後妻の子とのほうが過ごした時間が長かったのか、より多くの財産を渡したいと思っているようです。ところが、これこそまさに、「対策したつもり」の遺言書です。

具体的なケースを想像してみてください。

この遺言を書いた人の財産が現金のみであれば話は簡単です。仮に2000万円であれば、500万円が前妻の子の取り分になり、残りの1500万円が後妻の子の取り分です。

しかし、財産が現金だけというケースは現実的には少数で、大半の人が現金以外に自宅の不動産を持っていたり、数か所の金融機関の預金口座を持っていたりします。財産が自宅不動産と預貯金で合わせて2000万円だとしたら、前妻の子の取り分である500万円は、このなかのどの財産から受け取ればよいのでしょうか？　自宅？　預貯金？　それともすべての財産の〈4分の1〉ずつ？

結論をいえば、この場合には「どの財産から〈4分の1〉と〈4分の3〉に分けるのか」という**遺産分割協議**が必要になります。

つまり、せっかく遺言書を書いたにもかかわらず、前妻の子と後妻の子で、財産の分け方について話し合いをしなければいけないということです。

この遺言書の効果は、単に遺言書がなかったときの法定相続分である「2分の1ずつ」という割合を変えただけにすぎません。

「それでも後妻の子に、より多く権利があるからよいではないか」と思われるかもしれませんが、権利があるだけで、実際に銀行口座の解約や不動産の名義変更手続きまでができなければ、お金を渡せたとはいえません。

遺言書については第4章で詳しく解説しますが、遺言を書く際は、このように割合のみを指定するのではなく、

「自宅不動産は○○に相続させる」
「A銀行の預金は××に相続させる」

というように、具体的にどの財産を誰に渡すのかまで明確に記載し、さらに**遺言執行者**（遺言書の内容を具体的に実現する人のこと。第三者でも、相続の当事者である相続人でもよい）を指定しておくべきです。そうすることで、相続人どうしが話し合いなどをすることなく、手続きをすることが可能になるのです。

おそらく取り分を減らされた前妻の子としては面白くないでしょう。そのため、話し合いにも応じず、手続きにも協力しないかもしれません。そうなると、手続きは非常に長引

きます。最悪の場合、裁判所で争う必要があるかもしれません。

この遺言書は、単に争いを煽《あお》って手続きを難しくしただけです。はっきりいって、このような遺言書であれば、書かないほうがよかったといってもよいくらいです。

これほど重大な問題があるにもかかわらず、この遺言書は、法的に間違っているわけではありません。要件さえ満たしていれば、有効な遺言書です。ただ、相続が起きた後の手続きの流れや、実際に相続人が行なうべき手続きを考慮していない点で、致命的な欠陥があります。これは、いくら法的な知識があっても、実際に手続きの現場を見ていないことには、想定しづらいかもしれません。法的に正しいかどうかと、手続きをするうえで実際に問題が生じないかどうかは別問題なのです。

メモ　第5章で後述しますが、大切なものを保管する場所のなかで、遺言書だけは絶対に保管してはいけない場所もあります。これも法的な話ではなく、手続き上の話です。

このように、**法律上の理論と実務の取扱い**は微妙に異なります。相続の専門家には前述のとおり弁護士、司法書士、行政書士などの国家資格者や、相続診断士などの民間資格も存在しますが、どの資格者がよくて、どの資格者がダメなどと一概にいえる話ではありません。資格名等ではなく、実際に相続が起きた後の手続きや相続人の心情に詳しいかどうか、無料相談等を利用して実際に相談や質問をしたうえで、ご判断ください。

何度もいいますが、相続は机上の空論ではなく、あなたや家族が将来必ず直面する、とても具体的で個人的なものです。この終活で大切な人に問題なくお金が渡せるかどうか、そしてその専門家は、現実の手続きを知ったうえでサポートをしてくれるかどうかという視点を常に持ち、後悔しないお金の終活をしてください。

終活には落とし穴がいっぱい

終活に関して、ひとつ、いきどおりを感じていることがあります。それは、各専門家にとって、相続や終活という分野が、なぜか新しく開業をする人でも参入しやすい業務だと か、比較的難度の低い業務だと思われていることです。

しかし、これは大きな間違いです。相続の手続きサポートや終活のサポートは、膨大な知識と、強い覚悟の必要な業務です。そうであるにもかかわらず、なぜ難度が低いなどと誤解されているのでしょうか。

まずひとつは、おそらく遺言書が公証役場で見てもらえるためだと思います。

公正証書遺言は専門家のサポートのみで完成するのではなく、必ず公証人という法律のプロのチェックが入ります。そのため、いくら実務経験のない人がサポートしたとしても、遺言書自体が作成できないということはなく、法的な要件を満たした遺言書の作成自体はできてしまいます。しかし、先ほども述べたとおり、

・法的に問題がないかどうか
・実際に相続が起きた後で困らないかどうか

両者は別問題です。先ほど例に挙げたような、割合のみ指定した遺言書であっても、法的には有効なのです。このようにして、法的には有効であっても実務上の配慮のない遺言書が作成されてしまいます。

遺言書の作成ができると、遺言を作成した人からサポート報酬をもらい、ひとつの仕事が完了します。一見、何の問題もなく業務が完了したように見えますが、その後、年月が経って、実際にその人に相続が発生したとき、遺言者の家族が困ることになります。

このように、**遺言書に問題があったことが判明するのは**、**実際に相続が起きたとき**であり、かなりのタイムラグが生じます。そのため、作成した本人も（場合によってはサポート

した専門家本人ですら）知らずに過ぎてしまうのです。問題のある遺言書を残された家族は、たまったものではありません。これでは、まるで時限爆弾です。

もうひとつは、相続が起きた後の手続きのサポートです。これも、ただの手続き代行として金融機関に書類を提出する代行だと捉えれば、なんら難しいものではありません。銀行にいわれた書類を集め、銀行にいわれたとおりに相続人から押印をもらって提出すればよいのです。これだけで考えると、とても簡単な業務に思えてしまいますが、ひとつ間違えると相続人を大変なリスクにさらすことになります。

遺産分割にはいくつか方法があり、そのなかのひとつに、いったん、ある相続人に財産を集約して、そこからほかの相続人に分配する方法があります。

例えば、相続人が長男と二男のふたりで、財産はA銀行に８００万円、B銀行に２００万円だったとき、いったんすべてを長男が受け取り、その後、長男から二男に５００万円を渡すような場合です。この方法は、特段争い等がない遺産分割で、一般によく用いられています。

ただし、この方法を取る場合には注意が必要です。まず、このケースでは通常、相続で財産を受け取るにあたっては、税金は一切かかりません。なぜなら、43ページで解説した相続税の仕組みに照らして考えると、この場合は相続財産が800万円+200万円の計1000万円。このケースにおける相続税の基礎控除額である4200万円（3000万円+法定相続人2名×600万円）には届かないためです。

しかしこれは、「相続で財産を受け取るなら」という前提です。先ほどの例に戻って、仮に、A銀行の預金を長男が、B銀行の預金を二男が直接受け取るということであれば、被相続人名義の財産から直接もらっていますので、相続で財産を受け取ったことが明白です。しかし、先ほどのように、いったん長男が受け取ったお金を二男に渡す場合、長男から二男に動かす500万円は、本当に相続の一環でお金を動かしたといえるのか。

仮に、相続ではなく、単に長男から二男への贈与と見られれば、これは贈与税を支払う必要があります（なお、税法には、相続が起きてから何か月以内の資金移動は相続の一環とみなす、というような期間で区切る規定はありません）。

では、このお金の移動が「贈与ではなく、相続だ」と、どのように証明すればよいのでしょうか。実はこの場合には、**遺産分割協議書**が必要です。確かに銀行口座の解約自体は、銀行からもらえる書式を埋めていけばできてしまいます。しかし、無用な税金を生じさせないためには、銀行からいわれた書類だけでは足りないのです。

また、相続人側には通常、専門知識はありません。「銀行口座のお金はいったん自分が受け取るけど、その後で二男に一部を渡すから、そのための遺産分割協議書もつくってください」などといわれることは非常に稀です。そうではなく、単に「銀行口座は自分が受け取るから、解約手続きをしてほしい」などといわれます。

そうしたときに、本当に銀行口座の解約だけしていてよいのでしょうか。状況や最終的な分配の有無、その他の財産についてもヒアリングしたうえで、「遺産分割協議書も必要です」と伝えるのが、専門家側の役目だと思います。

メモ

このほかにも、いくつか注意すべき点があります。例えば、生命保険は通常受け取った時点で受け取った人自身の財産となるため、ここから他の相続人にお金を渡すことはできません。もし行なったとすれば、それは贈与として税金がかかります。こういったことは、知らないと非常に恐ろしいのです。

なお、相続の専門家とひと口にいっても、税務申告ができるのは税理士だけ、争いの間に入れるのは弁護士だけ、など、資格がなければやってはいけない業務も存在します。そのため、私を含め、相続の専門家であれば、通常はさまざまな資格者とのネットワークを組んで仕事をしています。そして、税理士でない専門家は、法律上、細かい税額計算等ができないとされているので、先ほどの代償分割の例など、「もしかして課税上問題が生じるのではないか?」と思えば、その時点で詳細は税理士に聞けばよいのです。

しかし、相続税がかからない相続である場合には、その案件自体に税理士が関与していないことも少なくありません。この場合には、相続人と関わっている専門家自身がリスクに気が付き、「これは税理士に確認すべきことだ」と判断できなければ、そのまま見落とされてしまいます。

終活や相続手続きには、実は**このような落とし穴がいくつも存在**します。単に公正証書遺言がつくれればよい、単に銀行口座の解約ができればよい、ということであれば、確かに知識や経験がなくともできてしまうでしょう。しかし、だからといって安易に受任してしまうと、問題を見落とし、相続人をリスクにさらすことになります。たまたま税務署にばれなかったからよかった、などという問題ではありません。

「にわかプロ」に要注意

このごろは相続の専門家を名乗る専門家も増えていますが、相続サポートを安易にとらえている専門家には注意しましょう。なぜなら、法律と現場の違いは大きく、また必要な知識は広範囲にわたるからです。

「私は行政書士なので、税務のことは一切わかりません」というわけにはいかず、全体が見られなければ、問題を見落としてしまう可能性もあるわけです。しかも、その見落とした問題は、すぐには発覚せず、かなり後になってから問題が生じることが多いのです。

ほとんどの相続人にとって、相続という事柄は〝不慣れなこと〟で、知らないことや誤解が多くて当然です。そのため、専門家は、言葉の意図をきちんと汲む必要もあります。

メモ

例えば法律用語で「相続放棄」とは、プラスの財産も受け取らない代わりにマイナスの財産である借金も引き継がないという裁判上の手続きで、一般に被相続人の借金が多額だった場合に行なうものですが、単に「自分は何もいらない」という意味で「相続放棄をしたい」という人が少なくありません。このようなときに真意を聞かずに相続放棄の手続きの案内などをしては、相続人を混乱させてしまいます。

医者の問診と同じだとイメージするとよいでしょう。医者は、患者が「頭が痛いから頭痛薬をください」といったところで、問診もしないまま頭痛薬を出したりはしません。問診や検査の結果、何を処方するか、どのような処置が適切かを決めるはずです。

相続も、そのようなものなのです。

◉お金の終活【資産を把握する】その(3)

委細もれなく！ 自分の総資産、完全チェックリスト

資産一覧をつくる目的

ここからは、具体的な「お金の終活」に入っていきます。

この章の目的は、第1段階の「自分のお金・財産を把握する」ことです。ここではまず、財産一覧表の作成の考え方や目的について解説します（具体的な作成方法については93ページ以降を、見落としがちな資産については120ページ以降を参照してください）。

自分にとって必要な対策を検討するためには、**財産の一覧表の作成**が不可欠です。相続の対策には、前述のとおり、

図表⑪■相続対策の種類とその要不要

財産の合計額が…

〈主な対策〉	相続税の基礎控除額 **以下**	相続税の基礎控除額 **超**
相続税対策（**節税**対策）	不要	必要
相続税納税のための**資金**対策	不要	必要
「**争族**」対策（相続争いを避ける対策）	必要	必要
相続**手続き**対策	必要	必要

①相続税対策
②相続税を納税するための資金対策
③「争族」対策
④相続手続き対策

の4つがあります。

このなかで、「争族」対策と相続手続き対策はすべての人にとって必要なのですが、前のふたつ、相続税対策と相続税を納税するための資金対策は、相続税がかかる人だけが行なうべき対策です。

そのため、まず財産の一覧表を作成することで、相続税がかかりそうかどうか、すなわち自分の財産が相続税の基礎控除額以下かどうかを把握する必要があるのです。

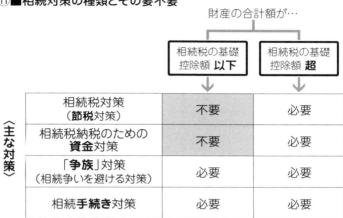

前述のとおり、相続税の申告は、自分の財産の総額が基礎控除額を超えた場合にのみ必要です。財産の総額が基礎控除額以下であれば、相続税はかからず、申告書の提出も必要ありません。あらためて39ページの図表⑨を参照し、あなた自身の相続が起きた場合の基礎控除額を知っておいてください。そのうえで、財産の一覧表を作成しましょう。

その結果、あなたの財産の合計額が**基礎控除額を超えない**のであれば、相続税の心配はありません。「争族」対策と相続手続き対策についてのみ検討しましょう。

一方、**基礎控除額よりも財産の額が多い**のであれば、相続税がかかることを覚悟してください。

相続税は、事前にきちんと対策をすることで大幅に減らせる場合があります。逆に、相続が起きてしまってから節税対策としてできることはほとんどありません。あなたの財産の合計額が基礎控除額よりも多い場合には、残された家族が相続税の支払いで困るような事態を避けるためにも、早めに税理士等の専門家へ相談しておきましょう。

財産一覧表を作成するもうひとつの目的は、「万が一のことがあった際に、家族がどこに何があったかを知り、スムーズに手続きできるようにするため」です。前述のとおり、相続が起きた後、手続きに入るためには、まずは被相続人の財産について全体像を把握する必要があります。どこに何があるのかわからない状態から財産を調べるのは、非常に大変です。じっくり探せば見つけられるとしても、相続が起きた直後は気持ちのうえでも時間のうえでも余裕が持てません。

メモ
相続の手続きは平日に動く必要があるものも多く、状況によっては会社の有給休暇等を使い、数日で手続きを行なわざるをえないこともあります。

たとえ同居している家族とはいえ、財産の詳細については意外と知りません。どこに何があるのかという情報がまとまっているだけでも、何もないよりははるかに負担は軽減されるということを、知っておいてください。

それでは早速、お金の終活の一歩目、財産一覧の作成をはじめましょう。

自分でできる！　財産一覧のつくり方

それでは実際に、作成を進めましょう（一覧表の作成には97ページの記載例を参照のうえ、95ページのフォームをご利用ください。前述のとおり、ひとたび作成して終わりではなく、定期的に更新できるよう、シートはコピーして使うか、フォームを真似て手書きで作成することをお勧めします）。

メモ　本書で紹介する計算方法は、お金の終活を行なうため、「必要な対策の検討」と「家族への連絡」の目的で使用する**簡易的な計算方法**です。このため、実際の税務申告に使う計算とは異なりますので、ご了承ください。

それではひとつずつ見ていきましょう。あなたが持っている財産について、計算方法を確認し、ひとつずつ記入していってください。

□土地

用意するもの

- **固定資産税課税明細書**

毎年5月ごろに、市町村役場から固定資産税納付のために送付される書類です。

- **パソコンまたはスマートフォン**

評価に必要な情報を見るために使います。家族や親しい人に代わりに調べてもらっても問題ありません。ない場合には、最寄りの税務署へ行って調べることも可能です。

- （共有の場合やマンションの敷地の場合）**持分のわかる資料**

わたしの財産一覧表

■ 名　前

■ 作成日　　　　年　月　日

これは私の財産の一覧表です。私に万が一の事があった際、参考にしてください。

□ これは最新ではありません。最新のものは、別途作成してあります。

財産の種類	細目	家屋番号・口座番号・銘柄等	所在・金融機関名等詳細情報	数量（単位）・倍率	単価・固定資産税評価額	共有の場合の持分	評価額
					円		
					円		
					円		
					円		
					円		
					円		
					円		
					円		
					円		
					円		
					円		
					円		
					円		
					円		
					円		
					円		
					円		
					円		
					円		
					円		
					円		
					円		
					円		
					円		
					円		
					円		
財産の合計額							円

その土地のうちどれだけの割合が自分の持分かを調べます。土地を買ったときの資料があればそこに記載がありますし、なければ最寄りの法務局で、その土地の「登記事項証明書」を取得してください。

記載手順

① まず、自分の名義が入っている土地を確認。そのうえで、「所在・金融機関名等詳細情報」欄に、利用区分ごとに所在地を記入。基本的には、固定資産税課税明細書の土地の一覧ページを参照。複数の隣接した土地が「自宅の敷地」など同じ用途で使われている場合は、まとめて1行に記載。

メモ 評価の低い土地や、共有の土地は課税明細書に記載がないことがありますが、課税明細書に記載がないからといって漏れがないようにしましょう。また、マンションの1室を購入している場合は、通常はその敷地の一部にも名義が入っていますので、これについても忘れずに記載してください。

② 「財産の種類」欄に「土地」と記入。「細目」欄には利用区分を記載（正式な表記でなくてもよいので、「自宅の敷地」「○○に貸している土地」「駐車場」など、自分と家族がわかるよう

わたしの財産一覧表

■ 名　　前　なごみ太郎
■ 作 成 日　20´6　年　9月　1日

これは私の財産の一覧表です。私に万が一の事があった際、参考にしてください。

□ これは最新ではありません。最新のものは、別途作成してあります。

財産の種類	細目	家屋番号・口座番号・銘柄等	所在・金融機関名等詳細情報	数量(単位)・倍率	単価・固定資産税評価額	共有の場合の持分	評価額
土地	自宅の敷地		愛知県一宮市○○1-2	198.15㎡	50,000　円		9,907,500
土地	長男の住む マンションの敷地		愛知県名古屋市西区○○1-1	500.28㎡	190,000　円	123451分の 9876	7,604,194
土地	駐車場		愛知県一宮市○○3-4	200.00㎡	60,000　円	2分の1	6,000,000
土地	畑		愛知県一宮市○○5-6	35倍	50,286　円		1,760,010
建物	自宅	1-2	愛知県一宮市○○1-2		9,000,000　円		9,000,000
建物	長男の住む マンション	1-1-25	愛知県名古屋市西区○○1-1		5,000,000　円		5,000,000
預貯金	普通預金	No. 1234567	ABC銀行　○○支店		円		12,345,678
預貯金	定期預金	No. 0123456	ABC銀行　○○支店		円		5,000,000
預貯金	普通預金	No. 0999999	XYZネット銀行　△△支店		円		250,000
預貯金	通常貯金	No. 12345−6789 0123	Y銀行		円		6,000,000
預貯金	外貨預金	No. 0000001	X銀行	100米ドル	110.0　円		11,000
現金					円		1,000,000
有価証券	投資信託	ABCファンド	○×証券	2,000口	100　円		200,000
有価証券	上場株式	XX株式会社	○×証券	100株	3,000　円		300,000
自動車	自家用		トヨタ　一宮300さ1111		円		900,000
ゴルフ会員権		A1111	○○ゴルフ倶楽部	1口	500,000　円		500,000
電話加入権			0586−11−1111	1本	0　円		0
貸付金	長男への貸付金				円		5,000,000
生命保険金	死亡保険金	No. 1234567	○×生命(受取人:長男)		円		15,000,000
生命保険 非課税額			2人×500万円=1,000万円		円		-10,000,000
借入金	住宅ローン		○○銀行　連絡先00-0000-0000		円		-10,000,000
預貯金	普通預金	No. 0000002	ABC銀行　○○支店　長男名義		円		2,000,000
生命保険契約 に関する権利	妻の生命保険	No. 2345678	○×生命		円		1,000,000
					円		
					円		
					円		
財産の合計額							68,778,382円

図表⑫■わたしの財産一覧表 記載例

に書いておく。「家屋番号・口座番号・銘柄等」は空欄で可)。

③　ここから具体的な計算に入ります。土地には大きく分けて、

・路線価という1平米(㎡)あたりの価格に面積を掛けて評価をする**路線価地域**

・固定資産税の計算に使用する固定資産評価額をもとに計算する**倍率地域**

のふたつがあり(路線価が定められているところは路線価地域、それ以外が倍率地域)、まずは、その土地の路線価を調べ、路線価がない地域であれば、倍率での評価を行ないます。

(1)パソコンやスマートフォンで「国税庁　路線価」と検索すると、国税庁が運営する土地評価に必要なデータの閲覧サイトが上位に表示されます(利用無料)。

(2)そのサイト内へ入ると、日本地図が出てきますので、所有地の都道府県を選び、「路線価図」を選択。所有地の市町村を選び、その先の画面でさらに詳細な所在地を見つけ、その所在地の横にある**5ケタの数字**を選ぶと、地図が表示されます。この地図から、自分の持っている土地の場所を見つけます(この時点で、そもそもその市町村が選択肢にない場合や、市町村はあるがその先の所在地が選択肢にない場合は、その地域は路線価での評価

http://www.rosenka.nta.go.jp/

ができない倍率地域です。以下をとばして手順⑦に進む）。

④　地図中から所有地を見つけたら、その土地が面している道路に書いてある数字に着目（「50」「190」「450」など地域によりケタ数が異なり、都心部では4ケタの場合もあります。また、○で囲んである場合もあれば、何も囲みがない場合もありますが、この段階では形式は気にしない）。

複数の道路に面している場合は**数字の大きいほう**を、土地が道路に面していない場合は（参考値として）**近くの道路の数字**を見る。

⬇ 地図中で目当ての場所は見つかったが、

そこに「倍率地域」と書いてある場合は、手順⑦に進む。

⑤ 道路に書かれた数字に**ゼロを3つ加えた数字**を「単価・固定資産税評価額」欄に記入（「50」であれば「50,000」＝5万、「190」であれば「190,000」＝19万）。これを「**路線価**」といい、その道路に面した土地の1平米（㎡）あたりの価額です。

⑥ 「数量・倍率」欄に、その土地の**㎡数**を記入（坪数ではないので注意。また、複数の土地が同じ用途に使われ、「所在・金融機関名等詳細情報」欄にまとめて記載した場合は、まとめて記載した土地の㎡数を合計した面積を記入。なお、面積は固定資産税課税明細書を参照のこと）。

➡その土地が「共有」の場合や、1室を購入した「マンションの敷地」の場合は、手順⑩に進む。

➡それ以外（その土地が共有でもマンションの敷地でもない）の場合は、「数量・倍率」欄に記入した**その土地の㎡数**と、「単価・固定資産税評価額」欄に記載した**路線価**を**掛け算**し、掛け算の結果の数値を「評価額」欄に記入。これでその土地の評価が完了です。

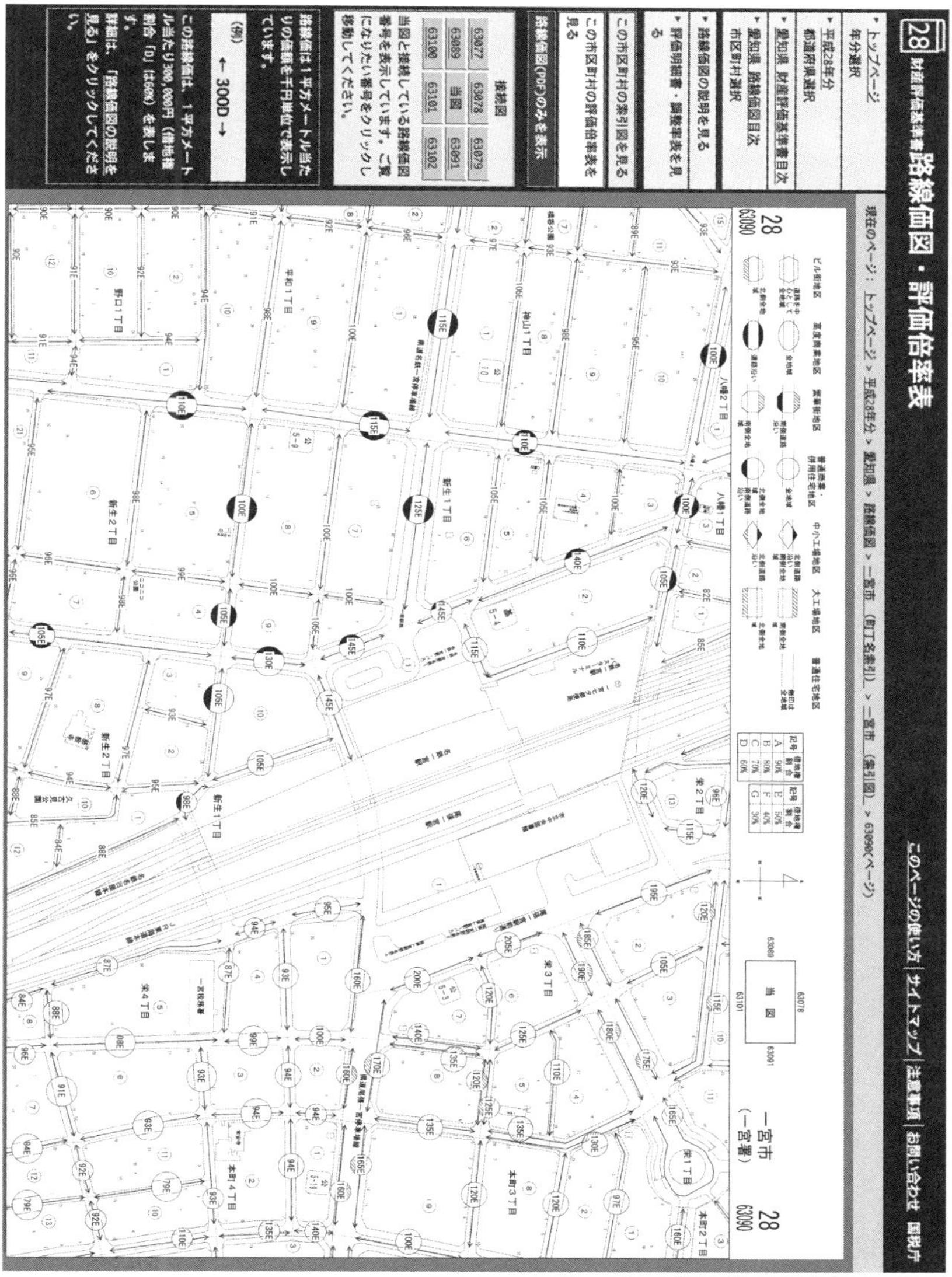

（注）著者事務所がある愛知県「一宮駅」付近の閲覧サイト表示例

⑦　前述のとおり、評価という視点で見た土地には2種類（「路線価地域」と「倍率地域」）あり、路線価があれば路線価が優先し、路線価がない場合に倍率方式で評価されます。
倍率地域の土地を評価するには、手順③の「日本地図」表示画面から、
(1) 所有地の都道府県を選択し、その先に表示される「路線価図」を選択
(2) 上部に表示された「**この都道府県の評価倍率表を見る**」というボタンを選択
(3) 市町村名の一覧表示から、その土地の所在地である市町村を選択
(4) 左図のような「**倍率表**」から、自分の土地の所在地を探す（五十音順に並んでいます）

⑧　ここで、固定資産税課税明細書に載っているその土地の「**地目**《ちもく》」（「宅地」「畑」「田」など。登記上の地目と課税上の地目が異なる場合は、課税上の地目を見ます）を確認。地目を確認したら倍率表に戻り、土地の所在地と、その土地の地目に該当する倍率を確認（宅地「1.1」、田「純 32」などと書いてあるが、この段階では「純」や「中」などの漢字は気にせずに、数字のみを見ます）。その数字を財産一覧表の「数量・倍率」欄に記入。

⑨　次に、固定資産税課税明細書に記載されたその土地の評価額を確認し、「単価・固定資産税評価額」欄に記載。

28 財産評価基準書 路線価図・評価倍率表　このページの使い方｜サイトマップ｜注意事項｜お問い合わせ　国税庁

- トップページ
  年分選択
- 平成28年分
  都道府県選択
- 愛知県 財産評価基準書目次
- 愛知県 評価倍率表<一般の土地等用>目次
  市区町村選択
- 評価倍率表の説明を見る
- 画面が開かない、印刷できないなどの場合

この市区町村の路線価図を見る

評価倍率表(PDF)のみを表示

現在のページ：トップページ ＞ 平成28年分 ＞ 愛知県 ＞ 評価倍率表（一般の土地等用） ＞ 一宮市

平成28年分　倍　率　表　1頁

市区町村名：一宮市　一宮税務署

音順	町（丁目）又は大字名	適用地域名	借地権割合	宅地	田	畑	山林	原野	牧場	池沼
			%	倍	倍	倍	倍	倍	倍	倍
あ	浅井町江森	農業振興地域内の農用地区域		—	純 31	純 35	—	—		
		上記以外の地域	50	1.1	中 41	中 46	—	—		
	浅井町大野	全域	50	1.1	中 46	中 53	—	—		
	浅井町大日比野	農業振興地域内の農用地区域		—	純 32	純 35	—	—		
		上記以外の地域	50	1.1	中 41	中 46	—	—		
	浅井町尾関	農業振興地域内の農用地区域		—	純 32	純 37	—	—		
		上記以外の地域	50	1.1	中 42	中 48	—	—		
	浅井町黒岩	全域	50	1.1	中 42	中 57	—	—		
	浅井町河田	全域	50	1.1	中 48	中 53	—	—		
	浅井町河端	農業振興地域内の農用地区域		—	純 33	純 36	—	—		
		上記以外の地域	50	1.1	中 43	中 47	—	—		
	浅井町小日比野	農業振興地域内の農用地区域		—	純 39	純 38	—	—		
		上記以外の地域	50	1.1	中 51	中 48	—	—		
	浅井町極楽寺	全域	50	1.1	中 52	中 61	—	—		
	浅井町西浅井	全域	50	1.1	中 41	中 46	—	—		
	浅井町西海戸	全域	50	1.1	中 41	中 46	—	—		
	浅井町東浅井	農業振興地域内の農用地区域		—	純 32	純 36	—	—		
		上記以外の地域	50	1.1	中 42	中 46	—	—		
	浅井町前野	全域	50	1.1	中 41	中 46	—	—		
	浅野	市街化区域	—	路線	市比準	市比準	—	—		
		市街化調整区域								
		1　農業振興地域内の農用地区域		—	純 29	純 32	—	—		
		2　上記以外の地域	50	1.1	中 40	中 46	—	—		
い	一宮	市街化区域	—	路線	市比準	市比準	—	—		
		市街化調整区域								
		1　農業振興地域内の農用地区域		—	純 31	純 35	—	—		
		2　上記以外の地域	50	1.1	中 42	中 46	—	—		
	乾町	市街化区域	—	路線	市比準	市比準	—	—		

メモ　固定資産税課税明細書にはその土地の評価額のほか、固定資産税を計算するための固定資産税課税標準額、固定資産税税額など、いくつかの価額が表示されており、また市町村により様式は異なりますが、「価格」や「評価額」など不動産の価格自体を表す金額を使用します。一般に、いくつかの金額がある場合、最大のものがその不動産の評価額です。

⬇その土地が共有の場合や、1室を購入したマンションの敷地である場合は、手順⑩に進む。

⬇それ以外（その土地が共有でもマンションの敷地でもない）の場合は、

手順⑧で確認し「数量・倍率」欄に記入した**その土地の倍率**と、「単価・固定資産税評価額」欄に記載した**固定資産税課税明細書上の土地の評価額**を**掛け算**し、掛け算の結果の数値を「評価額」欄に記入。これでその土地の評価完了。

⑩（この手順⑩は、❶その土地が「共有」である場合や、❷1室を購入した「マンションの敷地」である場合の評価方法についての手順です）

❶その土地が**共有**の場合（例：「妻と2分の1ずつ購入した」場合など）、その土地のどれだけの割合が自分の持分かがわかっているのであれば、その割合を「共有の場合の持

分」欄に記入（割合が不明な場合は、通常は購入時の資料の記載にならう。最寄りの法務局で登記事項証明書を取得して調べることも可能）。

❷ 1室を購入した**マンションの敷地**である場合、土地は広いものの、全部が自分の土地ではなく、そのマンションの全世帯で**土地や土地の利用権を共有**（メモ参照）しており、自分の持分は登記を見ないとわからないことがほとんどなので、最寄りの法務局へ行き、その不動産の「登記事項証明書」を取得します（マンションの場合、〈10分の1〉など綺麗《きれい》な割合であることは稀で、〈12万3451分の9876〉というようなケタの大きな割合が多い）。なお、登記事項証明書は、日本全国どこの法務局でも、誰でも取得が可能（例えば、名古屋市に所在する土地の証明を東京都の法務局で取得することも可能）。

メモ　マンションの敷地の登記には、建物部分と権利がセットの「敷地権」の場合（後述い）と、単純に「土地を共有」の場合（後述ろ）があり、どちらかわからない場合は、やはり法務局の窓口で確認する必要があります。

い 敷地権の場合、マンションの部屋部分の登記事項証明書を取得すると、その中央あたりに「敷地権の表示」欄があるので、そこに書いてある「敷地権の割合」を参照。なお、マンションの建物部分の登記事項証明書には、その部屋部分の「家屋番号」の情報が必要で、これは部屋番号等と一致するものではなく、推測は困難。固定資産税課税明細書に必ずこの家屋番号の記載があるので、法務局へ必ず持っていくこと。

ろ 土地を共有の場合、土地部分の登記事項証明書を取得すると、その土地の所有者欄にマンション購入者の名前が並び、それぞれに共有割合の記載がある。自分の名前を探して、自分の持分割合を確認する。

以上の方法で自分の持分がわかったら、その持分を財産一覧表の「共有の場合の持分」欄に記入（先ほどの敷地権割合が〈12万3451分の9876〉のマンションを夫婦ふたりで〈2分の1〉ずつ共有しているなら、「12万3451分の9876 の 2分の1」などと記入）。

⑪ 自分の持分がわかったら、その持分を、手順⑥または手順⑨までで計算した評価額に、さらに掛け算します（例えば、路線価地域で土地の面積が200㎡、「単価・固定資産税評価額」欄に記載した路線価が6万円であれば、その土地全体の評価額が200×6万で1200万円。そのうち自分の共有割合が2分の1であれば、その半分の600万円が、自分の持分に対応する評価額ということになります）。ここまでで土地の評価が完了です。

注意 実は、ここで解説した方法は厳密な評価ではなく、例えば、形がいびつな不整形地や正面の道路が狭いなど「**使い勝手の悪い土地**」は、ここで計算した評価額より減額されることがあります。逆に、路線価地域で複数の道路に面した角地など「**使い勝手の**

よい土地」は、ここで出した評価額よりも若干高い評価になります。とはいえ、半額になったり倍額になったりするほどではないので、実際に相続税の計算をする際、税理士にあらためて計算してもらうなどすればよいでしょう。また、**土地を貸している場合**も評価減がある場合がほとんどで、貸地や貸アパートの敷地などに使用している土地は、ここで行なった計算よりも評価が下がると考えられます。さらに、その地域の標準的な宅地と比較してかなり広い「**広大地**」**に該当する場合**は50％以上の評価減ができる可能性があります。ただし、この評価は税理士であっても判断ができる人は少ないので、該当しそうな土地がある場合には相続税を専門にしている税理士に確認してください。何より重要なのは、お金の終活を行なううえでは、こうした厳密な計算よりも**大まかに**（でも**漏れなく**）**自分の財産の全体像をつかんでおくこと**です。

□建物

用意するもの

・**固定資産税課税明細書**

毎年5月ごろに、市町村役場から固定資産税納付のために送付される書類（土地の評価の際に使用したものと同じ）。

・（共有の場合）**持分のわかる資料**

その建物のうち「どれだけの割合が自分の持分か」を調べます（建物を買ったときの資料があればそこに記載がありますし、なければ最寄りの法務局で、その建物の「登記事項証明書」を取得してください）。

記載手順

① 自分の名義が入っている建物を確認したうえで「所在・金融機関名等詳細情報」欄に所在地を記入。基本的には、固定資産税課税明細書の建物の一覧ページを参照（土地の場合と同様、共有の建物は課税明細書に記載がないことがあるので、記載漏れに注意）。

② 「財産の種類」欄に「建物」と記入。「細目」欄に利用区分を記載（正式な表記でなくてもよいので、「自宅」「○○に貸している建物」など、自分と家族がわかるように書いておく）。「家屋番号・口座番号・銘柄等」には、固定資産税課税明細書に記載されている家屋番号を書く（この家屋番号はすべての建物にあるわけではなく、登記をしてない建物には家屋番号はありません。その場合には、「未登記」と書いておいてください）。

③ 次に、固定資産税課税明細書に記載されたその建物の評価額を確認し、「単価・固

定資産税評価額」欄に記入（課税明細書には土地と同様、いくつかの価額の記載がありますが、「価格」や「評価額」など不動産の価格自体を表す金額を使用します。一般に、いくつかの金額がある場合、最大のものがその不動産の評価額）。

➡その建物が共有である場合は、次の手順④に進む。

➡それ以外（その建物が共有でない）の場合は、

「単価・固定資産税評価額」をそのまま「評価額」欄に記入し、その建物の評価完了。

④　その建物が共有である場合には、自分の持分割合を「共有の場合の持分」欄に記入（わからない場合は土地と同じく、最寄りの法務局で登記事項証明書を取得して調べる）。自分の持分がわかったら、自分の持分割合を手順③で確認した固定資産税評価額に乗じて、建物の評価が完了です。

注意　建物を貸している場合、ここで評価した価額の70％が評価額になります。また、建物は特殊な事情がない限り、年を経るごとに評価が下がっていきます。

□預貯金

用意するもの

・**通帳**　・（ある場合は）**定期預金の証書**

・（ネットバンクの場合）**パソコンまたはスマートフォン**

記載手順

①「財産の種類」欄に「預貯金」と書き、「細目」欄には「普通預金」「定期預金」など、預貯金の種類を記入。「家屋番号・口座番号・銘柄等」欄には、口座番号や記号番号を記載。漏れがないように、すべての預貯金について記載しておく。

②「所在・金融機関名等詳細情報」欄に、金融機関名と支店名を記載、「評価額」欄に、現在残高を記入。これで預貯金の記入は完了。

③　外貨での預金がある場合は、「数量・倍率」欄に外貨での数量と単位を「100米ドル」などと記載、「単価・固定資産税評価額」欄に**記入時点でのレート**を「1ドル110円」などと記載（「評価額」欄に書くのは円建ての価額に統一しておく。この例の場合、評価額は100米ドル×110円で、1万1000円）。

注意　実際に相続税の計算をする際には利息の計算等が必要ですが、この段階では細かい計算までは必要ありません。それより**預貯金の記載自体に漏れがないこと**が重要です。

□現金

稀に、自宅の金庫などに多額の現金を持っている人がいます。財産一覧表をつくる段階では、財布のなかの現金までの計上は必要ありませんが、数百万円単位以上の現金を持っている場合には記載しておきましょう。

□投資信託、上場株式

用意するもの

- **証券会社から送付される取引明細の最新版**
- （ネットバンクの場合）**パソコンまたはスマートフォン**

記載手順

①「財産の種類」欄に「有価証券」と書き、「細目」欄には「投資信託」「上場株式」など、資産の種類を記入（「家屋番号・口座番号・銘柄等」の欄には、上場株式であればその会社名、投資信託であれば投資信託の名称を記載）。

②「所在・金融機関名等詳細情報」欄に証券会社など預け入れ先の名称と支店名を記載。

③「数量・倍率」欄に、株式であれば保有株式数を、投資信託であれば保有口数を記載（証券会社から送付される取引明細や、インターネット取引の場合には現在の資産残高の欄を参照）。

④「単価・固定資産税評価額」欄に保有資産の単価を記入（株式であれば1株あたりの株価、投資信託であれば1口あたりの評価額。証券会社から送付される取引明細や、インターネット取引の場合には現在の資産残高の欄を参照。なお、投資信託の評価額は1口あたりではなく、1万口あたり、など大口で表示されている場合もあるので、単位に注意）。

⑤「数量・倍率」欄に記入した株式数（または口数）と、「単価・固定資産税評価額」欄に記載した評価額を掛け算し、その結果を評価額欄に記載。これで投資信託と上場株式の記入は完了です。

注意　実際に相続税の計算をする際は、単純に死亡日時点での評価ではなく、当日のみ偶然株価が高くなっている場合に不利益を被らないよう、評価方法が決められています。この段階では、最新の取引履歴が出た時点での評価情報を記載しておけば十分です。

□自動車

用意するもの　**・車検証　・**（ある場合は）**パソコンまたはスマートフォン**

記載手順

①「財産の種類」欄に「自動車」と書き、「細目」欄には「自家用」「事業用」など、自分や家族が見て特定できる内容を記載（「家屋番号・口座番号・銘柄等」の欄は、空欄で可）。

②「所在・金融機関名等詳細情報」欄に、車検証に記載の「車名」と「自動車登録番号または車両番号」の内容を書いておく。

③　パソコンやスマートフォンがあれば、中古車販売のホームページなどでその車と同じような車がどのくらいの価格で売られているか調べ、その価額を「評価額」欄に記入（「中古車　相場」などと検索をすると、中古車販売のサイトが表示されます）。パソコンなどがない場合には、購入したときの価額を記入。

注意　自動車は年を経るごとに価値が下がるため、他の資産に比べて資産価値としての重要度は低いことがほとんどです。細かい計算は相続税の計算をする際に行なえばよいので、ここでは参考価格で記入しておきましょう。

□ゴルフ会員権、リゾート会員権などの各種会員権……………………

記載手順

①「財産の種類」欄に「ゴルフ会員権」「リゾート会員権」など会員権の種別を、「所在・金融機関名等詳細情報」欄に、ゴルフ倶楽部の名称やリゾート施設の名称を記載。「細目」欄には会員の種別があればその種別を記載、「家屋番号・口座番号・銘柄等」の欄には、会員番号を記載。

②「数量・倍率」欄に、保有口数を記載。

③「単価・固定資産税評価額」欄に、会員権の価額を記入（インターネット環境があれば、「ゴルフ会員権　相場」などで検索。会員権の売買取引をするサイトがいくつか表示され、そこに各会員権の相場が掲載されています。対象の会員権の情報がない場合やインターネット環境がない場

合には、取引の仲介をしている会社か、ゴルフ場などの発行元に問い合わせてみましょう）。

④「数量・倍率」欄に記入した口数と、「単価・固定資産税評価額」欄に記載した１口あたりの相場価額を掛け算した結果を評価額欄に記載（これで会員権の記入は完了です）。

□電話加入権

評価額は都道府県により異なるものの、回線１本１５００円程度（平成28年現在）。合計額の計算よりも、休止中の回線が手続きから漏れないよう、電話番号の記載を徹底することが重要。「財産の種類」欄に「電話加入権」、「所在、金融機関名等詳細情報」欄に自分名義の電話回線の電話番号を記載（評価額は「０円」でよい。その他は空欄で可）。

□貸付金

記載手順

①「財産の種類」欄に「貸付金」と記載し、「細目」欄に「○○への貸付金」など自分や家族が見て内容がわかるように記載（「家屋番号・口座番号・銘柄等」の欄は空欄で可）。

②「所在・金融機関名等詳細情報」欄には、貸付先の氏名または名称、住所または所在地、さらに連絡先を記入。

③「評価額」欄に、貸付金の現在残高を記載。

□生命保険金

用意するもの

・（あなた自身が保険料を払い、あなたの相続発生により保険金が下りる）**保険の生命保険証書**

記載手順

①「財産の種類」欄に「生命保険金」と書き、「細目」欄には「死亡保険金」など保険の種類を記載。「家屋番号・口座番号・銘柄等」欄には証券番号を書く。

②「所在・金融機関名等詳細情報」欄に、生命保険会社名とその保険の受取人名を記載。

③「評価額」欄に、死亡保険金の予定金額を記入。

④　生命保険をすべて書き終えたら、その次の行で生命保険独自の非課税額を控除します。「財産の種類」欄に「生命保険非課税額」と書き、「細目」欄、「家屋番号・口座番号・銘柄等」欄は空欄としておく。

⑤「所在、金融機関名等詳細情報」欄で、非課税額を計算。

メモ

生命保険金は相続税の計算上、「法定相続人の数×５００万円」までは非課税です。この法定相続人の数は、39ページで紹介した相続税の基礎控除額を見るときの人数と同じだと考えてください。例えば、あなたに相続が起きたときの相続人が、妻と長男、二男の計3名であれば、3名×５００万円で１５００万円が非課税枠になります（「3人×５００万円＝１５００万円」などと書いておきましょう）。仮に、生命保険金の受取人が妻のみであったとしても、法定相続人が3名いるのであれば、１５００万円までは非課税です。この計算に使う法定相続人の人数は、たとえ相続で「何ももらわない」という相続人がいても変わりませんし、また、裁判上で相続放棄の手続きをした相続人がいても変わりません。

⑥「所在、金融機関名等詳細情報」欄で計算をしたら、その計算結果と、手順④までで記入した生命保険の合計額の**いずれか少ない金額**を、評価額欄にマイナスで記入（仮に非課税枠が１５００万円、生命保険金の合計額が２０００万円であれば、非課税枠のほうが少な

いので、「▲1500万円」と記入。非課税枠が1500万円で生命保険の合計額が1000万円であれば、非課税枠は生命保険の金額以外からは控除できませんので、「▲1000万円」と記入)。

ここまでで生命保険金の記載は完了です。

□借入金、ローン

記載手順

①「財産の種類」欄に「借入金」と記載のうえ、「細目」欄には「住宅ローン」「自動車ローン」「○○からの借入金」など、自分や家族が見て内容がわかるように記載します。「家屋番号・口座番号・銘柄等」の欄は空欄で結構です。

②「所在・金融機関名等詳細情報」欄には、借入先の氏名または名称、住所または所在地、そして連絡先まで記入してください。返済予定表がある場合には、財産一覧表とあわせて保管しておくとよいでしょう。

③「評価額」欄に借入金の現在残高をマイナス表記で記載します。借入金が1000万

円であれば「▲1000万円」と記入してください。

注意 借入金やローンは、あなたに相続が起きると、代わりにあなたの相続人に支払い義務が生じます。また、支払えないほど借金が高額な場合には、相続放棄を検討することになります。この項目はぜひ、借入金がある場合にはもちろん、ない場合には「ない」と明記しておいてください。

ここまで順調にできたでしょうか。もしできなかった場合は、本書90ページ以降をもう一度しっかり読んで、丁寧に確認してください。

いったん作成してしまえば、来年以降の更新はいまよりスムーズなはずです。財産一覧表の作成の作業は、もうあと一歩のところです。次ページから、見落としがちな資産について解説していきますので、そちらも確認のうえ、続きを記入してください。

◉お金の終活【資産を把握する】その（4）

専門家ですら見落とすことがある意外な「資産」とは？

これも資産!?　見落としがちな資産に注意

ここでは、見落としがちなため、特に注意が必要な資産について解説します。

具体的には、

①名義預金、名義株式
②生命保険契約に関する権利
③自社株式などの非上場株式
④借地権

⑤３年以内に相続人等に対して贈与した財産
⑥相続時精算課税の適用を受けた贈与財産

についてです。これらの資産についても漏れのないよう、財産一覧表に記載しておきましょう。

□名義預金、名義株式

子や孫名義の通帳や証券口座をつくり、その口座に定期的に入金。これで子や孫のものになった、と思っている場合があります。しかし、贈与というのはそもそも「あげます」「もらいます」というお互いの意思表示が合致して、はじめて成立するものです。渡した側が知っていても、もらう側が知らなければ、贈与は成立したとはいえません。

また、「あげた」といっておきながらその口座からお金をおろすのに必要なキャッシュカードや印鑑を渡していない場合にも、贈与が成立したとはいえないのです。

このような状況では、相続が起きた際に税務署から、「贈与は成立していないので、この預金は被相続人のものですね」といわれ、相続税の課税対象に含まれてしまう可能性があります。「通帳の名義が誰か」より、「**実際に贈与は成立していたか**」が重要なのです。

メモ　このような預金や証券口座がある場合には、これもあなた自身の財産として、財産一覧表に計上しておいてください。記載方法は前述の「預貯金」や「投資信託・上場株式」の項目を参照し、どの口座のことなのかが家族が見てわかるよう、「所在・金融機関名等詳細情報」の欄に、前述の内容とあわせて「○○名義」と書いておきましょう。そのうえで、今後行なう贈与が名義預金と見られないためにどうしたらよいか、税理士などの専門家に相談することをお勧めします。

□生命保険契約に関する権利

116ページで「あなた自身が保険料を払い、あなたの相続発生により保険金が下りる生命保険」について記載しました。ここでは、生命保険が権利として評価される場合について解説します。

生命保険契約に関する権利とは、「あなたの相続が起きたとき、まだ保険事故が発生していない生命保険契約の権利」のことです。例えば、あなたが契約者として保険料を払っている保険の被保険者が、あなたの配偶者だとします（被保険者とは、「この人が死亡したときに保険金が支払われます」という対象者のことだと考えてください）。あなたに相続が起きたとき、配偶者が存命であれば、その時点では配偶者の死亡という保険事故は発生していません。

そのため、この保険の「契約者としての立場」が、あなたの相続人に引き継がれることになります。これが、「生命保険契約に関する権利」です。

生命保険契約の契約者の立場を受け継いだ相続人は、そのまま配偶者の死亡という保険事故を待ち死亡保険金を受け取ることもできますし、保険事故が起きる前に保険を解約して、解約返戻金を受け取ることもできるわけです。このような事情があるので、「保険契約者＝あなた、被保険者＝あなた以外の人」である保険契約については、あなたの相続が起きた時点での解約返戻金相当額が、あなたの財産として、相続税の課税対象になります。

そのため、このような保険契約がある場合には、財産一覧表に記入しておきましょう。

「財産の種類」は「生命保険契約に関する権利」、細目は「○○の生命保険」など、被保険者と保険の内容を記載します。

「所在・金融機関名等詳細情報」には保険会社名を書いておいてください。

そのうえで、評価額には財産一覧表作成時点での解約返戻金の額を記載しておきましょう。解約返戻金の額は、保険会社に問い合わせれば教えてくれることがほとんどです。

メモ　すべての保険契約で解約返戻金があるわけではなく、解約返戻金がない保険も存在します。その場合、「生命保険契約に関する権利」としての財産価値はありません。

□自社株式などの非上場株式

自分の会社や親戚の会社などの株式を持っている場合には、注意が必要です。儲かっていない会社の株だから、小さい会社の株だから価値がない、ということではありません。また、出資した際の1株5万円などの額面金額と、評価額は異なります。

非上場株式の評価は、同じような業種の上場会社の株価との比較をもとに計算する**類似業種比準方式**や、会社の純資産の額をもとに計算する**純資産価額方式**など、いくつかの計算方法があります。会社の規模や状況により使える計算方法が異なり、またその計算も非常に複雑であるため、安易な評価は禁物です。

あなた自身の会社である場合には、事業承継も視野に入れ、また親戚が営む会社であなた自身が事業に携わっていないのであれば、売却等をする可能性も加味し、早い段階から税理士に相談することをお勧めします。特に、一度も自分の会社の株価を算定してもらったことがない場合には、思わぬ高額な株価が付いていることもあります。まずは評価だけでもしてもらい、対策を検討しましょう。

□借地権

他者から土地を借り、その上に建物を建てて利用している場合には、その利用権が「借地権」という財産となる可能性があります。借地権という財産が発生しているかどうか、そしてその評価がいくらになるのかという判断は非常に難解です。安易に評価せず、税理士に相談してください。なお、借地権がいくら発生したとしても、借地権の評価額がその土地の通常の評価額を超えることはありません（気になる方は、98ページ以降の土地の評価を参照のうえ、土地自体の評価をしてみることで上限の金額の計算は可能です）。

ただし、固定資産税課税明細書は所有者のところへ行くので、その場所が倍率地域であれば評価は困難です。一方、路線価地域であれば評価ができます。路線価地域の土地の評価に必要な平米（㎡）数は登記事項証明書に記載があり、不動産の登記事項証明書は、最寄りの法務局で誰でも取得が可能であるためです。

他者から借りた土地の上に建物を建てている場合には、このように借地権が生じることがあり、借地権は相続税の対象になります。そのため、財産一覧表には借地権についての記載もしておきましょう。「財産の種類」は「借地権」と記載し、「細目」は「自宅敷地」

など自分と家族がわかる利用区分を書いておいてください。「所在・金融機関名等詳細」の欄には、土地の所在地と、所有者の氏名を書いておきましょう。「評価額」は、不明であればこの段階では空欄で構いません。全体を見て相続税の心配がありそうであれば、税理士に借地権の発生の有無や、評価を依頼すればよいでしょう。

メモ
建物もあなたのものではなく貸主のものである場合には、財産的な価値はありません。借地権はあくまで、「土地を借りて、その上にあなた名義の建物を建てて使っている場合」に発生しうる権利ですので、間違えないようにしましょう。

□3年以内に相続人等に対して贈与した財産

41ページでも少し触れましたが、相続や遺贈により財産を取得した人が、被相続人からその相続開始前3年以内に贈与を受けた財産があるときには、相続税の計算上、その贈与をした財産が持ち戻されます。この規定による持ち戻しは、贈与税の非課税額である「年110万円以下の贈与」であっても例外ではありません。この規定があるため、例えば臨終まぎわに110万円以下の贈与を相続人に対して行なうことで相続税額を減らす、というような節税はできないことになります。

なお、この規定により持ち戻された財産の贈与を受けたときに、支払った贈与税があるときには、その贈与税相当額が相続税額から減額されます。相続税の計算上は、相続開始前3年以内に行なった相続人に対する贈与はなかったことになる、と理解しておけば問題ありません。

このような規定があるため、財産の一覧表を作成する際には、その作成時点から3年前までに、相続で財産を渡す予定の人に対して贈与した財産も記載しておきましょう。記載しておくことで、相続が起きた際に相続人が調べやすくなります。

「財産の種類」は「3年内贈与」と記載し、「所在・金融機関名等詳細」の欄に、誰に何を贈与したのか、その内容を書いておいてください。「評価額」は実際に贈与した財産の、贈与をした時点での価額です。その他の欄は、空欄で構いません。

□相続時精算課税の適用を受けた贈与財産

通常の暦年贈与のほか、「相続時精算課税制度」という贈与の種類があります。この制度は自動的に適用されることはなく、適用するのであれば税務署にこの制度を使う旨の届出をしているはずですので、利用している人は心当たりがあるはずです。

メモ

制度の詳細は第4章で解説しますが、ここでは、この制度を使って贈与をした財産は、その名称どおり「相続時に精算」されることを知っておいてください。相続時精算課税制度を使って贈与をした財産は、すべて相続税の計算上、持ち戻して計算されることになります。そのため、財産一覧表には、相続時精算課税制度を使って贈与した財産は、何年前に贈与したものであっても、すべて記載しておきましょう。「財産の種類」は「相続時精算課税贈与」と記載し、「所在・金融機関名等詳細」の欄に、誰に何を贈与したのか、その内容を書いておいてください。「評価額」は実際に贈与した財産の、贈与をした時点での価額です。その他の欄は空欄で構いません。

ここまでで、あなたの財産一覧表の作成は完了です。「これも資産なの?」と思われるような意外なものもあったかもしれません。また、ここで挙げた資産以外にも気になるものがあれば、ぜひ書いておいてください。そこまでできたら、「評価額」の数字をすべて足し算し、財産の合計額を計算しておきましょう。これが、おおよそのあなたの財産の価額です（繰り返しになりますが、パソコンで作成したのみでプリントアウトをしていなければ、いざというときに家族は見ることができず、困ってしまいます。紙に書いた場合はそのままでよいですが、パソコンでつくった場合には必ずプリントアウトしておいてください）。

◉お金の終活【資産を把握する】その(5)

念には念を！
本人しか知らない「かくれ資産」

☞家族が見落とす資産とは？

ここまでで、財産一覧表はひととおり作成できたはずです。自分で作成した一覧表を見ながら、財産の漏れがないか確認していきましょう。

ここでは特に、記載が漏れていた場合に家族に見つけてもらうのが困難な資産についてお伝えします。もしこれらの財産を所有している場合には、記載漏れがないか、あらためて確認するようにしてください。

□貸付金

貸付金は、貸した本人以外（その家族であっても）知らないことも少なくありません。契約書がない場合はもちろん、契約書があったとしても、その後**返済されているのか**、現在**いくらの貸付金が残っているのか**などを調べるのは困難です。漏れなく、すべて記載しておいてください。

また、会社の経営をしている場合には、**自分が代表である法人に対して貸付金がある場合**もあります（あなたは返済を求める気がなかったとしても、だからといって自動的に会社の帳簿から、あなたからの借入金が消えるわけではありません）。これについても忘れずに財産一覧表に記載しておくか、生前に返済してもらうなどの対応をしておきましょう。

□ネットバンクの口座

最近はインターネットで取引をする銀行を利用している人も増えています。ネットバンクはとても便利なものですが、一方で、**いざというときに家族に見つけてもらえないリスク**を知っておきましょう。通帳のある一般の銀行の場合には、通帳さえ見つけられれば

「この銀行に預金があったのかな」と推測ができます。しかし、通帳もない、また取引履歴さえインターネット上の閲覧のみで完結する口座の場合には、家族がその口座の存在を知ることは困難です。インターネット上で取引をする銀行口座や証券口座を持っている場合には、財産一覧表に漏れなく記入しておいてください。

□長年使用していない銀行口座

もう何年も使っていない口座の通帳が、ふだん使用する銀行口座の通帳とは別の場所に保管してあることがあります。このような口座のなかにはたいてい、かなり少額の預金しか入っていません。おそらく、「大した額ではないから放っておいてよい」という認識なのでしょう。しかし、いざ相続が起きた後では、いくら少額しか入っていない口座でも、多額のお金が入っている口座と同様の手続きを踏まなければ、原則として、その口座からお金をおろしたり、解約したりすることができません。また、その金融機関の支店が遠方にしかない場合には、そこまで行くだけでひと苦労です。

メモ　あなたの相続人がみな「放っておけばよい」という考えであればよいのですが、「亡くなった人の名義のままの口座が残っていると、相続手続きがすべて完了していない感覚で、気になってしまう」という人もいます。また、いくら少額な口座であっても相続税申告の対象になり、見つけられなければ、計算から漏れたことになってしまいます。

長年使っていない口座であっても、財産一覧表に明記しておいてください。もし今後もその口座を使う予定がないのであれば、元気なうちにあなた自身で解約し、相続人の負担を減らしておきましょう。

□価値の低い山林、原野

被相続人がどこに不動産を持っていたのか、最も確認しやすいのは、毎年5月ごろに固定資産税納付のために市町村役場から送られてくる**固定資産税課税明細書**です。その人の持っていた不動産が市町村ごとにまとめて記載してありますので、とても便利です。しかし、前にも少し触れたとおり、固定資産税課税明細書には**記載されない不動産**が存在します。**評価の低い土地**や、**共有の不動産**です。

固定資産税課税明細書は、あくまで市町村が固定資産税の徴収のために送付している書類であり、不動産の名義の証明書ではありません。そのため、固定資産税がかからない評価の低い不動産は、固定資産税の課税明細書に表示されないのです。

メモ
開発予定のない原野や山林を、将来的に値上がりすると騙《かた》って販売する、いわゆる「原野商法」が一時期横行したためか、行ったこともない他県の山林の土地を持っている人は意外と多く、その山林の評価が低く、固定資産税がかからないケースも少なくありません。せめて所在地の市町村がわかれば調べられますが、わからなければ見つけることは困難で、名義変更が漏れてしまいます。まずはこのことを知っておきましょう。

不動産が共有物件の場合、原則として明細書が届くのは、**共有者のうちの1名のみ**です。しかも、共有者の1名に届いた明細書には原則としてその送付先の氏名しか掲載されず、それ以外の共有者は「ほか2名」といった記載のみで、名前を掲載しない市町村もあります。このような理由で、不動産の一部が被相続人の名義になっていることに気づかず、手続きが漏れてしまうケースもあります。

固定資産税課税明細書を過信することなく、不動産は財産一覧表に漏れなく記載しておきましょう。「価値のない土地だから」とか「自分の名義はほんの一部だから」書かないというのは大間違いです。むしろ、**価値が低い不動産や一部のみ持っている不動産のほうが見つけづらい**ので、必ず書いておくようにしてください。

これらの財産は、財産一覧表などに記載がなければ、あなたに万が一のことがあった際、家族が探し出すのは非常に困難です。見つけられなかったことで名義変更等の手続きが漏れ、後日その財産のためだけに、もう一度、遺産分割協議をする必要が生じれば、家族にとって大変な負担です。

また、相続税の申告が漏れてしまい、申告書の再提出が必要になったり、場合によっては延滞税や加算税といった余分な税金を支払う必要が生じる可能性もあります。

さらに、不動産に至っては財産の見落としによって手続きが漏れ、そのまま長年放置されると、世代を経るごとに関係者が増えていきます。そうなれば血縁関係の遠い人どうしの共有になり、売却しようにも利用しようにも寄附しようにも、全員の合意を取り付けることが困難になります。

あなたの家族に不安や負担を残さないためにも、特にこれらの財産については、しっかりと記載しておきましょう。

◉お金の終活【資産を把握する】その（６）

「正攻法」の計算方法と、プロが教える「うまい」計算方法

財産のざっくり把握法

ここまで財産の一覧表の作成手順と注意点について記載してきました。「自分にもできた」「これなら毎年でも続けられそう」と感じていただけたのではないでしょうか。

本書は、細かい相続税の計算をするための本ではなく、大切な人に問題なくお金を残す、「お金の終活」をするための本です。そのため、本書で紹介している計算方法は、税務申告に使用する正確で詳細な計算方法ではありません。それよりも、まずは作成し、続けられるという目的での、「自分でもできる簡易な計算方法」をお伝えしてきました。

メモ

このような財産評価を記した書籍は、一般にそのまま申告に使用できるほど分厚く、詳細かつ難解なものが大半です。しかし、正直なところ、税理士を目指すわけでなければ、そこまで細かく知っておく必要はありません。必要な手続きの把握と家族への申し送りという目的であれば、本書で紹介した計算方法で十分です。

ただし、非上場株式など自分では計算が難しい特殊な財産がある場合には、いちど、専門家に正確な評価をしてもらうことが次のステップです。そのうえで、作成した財産一覧表の評価額を合計した金額と、39ページで紹介した基礎控除額を比較してみましょう。

評価額は、基礎控除額を超えていますか？　下回っていますか？

仮に、基礎控除額が相続人3人の4800万円、財産の評価額の合計が2000万円であれば、相続税については心配ないと考えてほぼ問題ありません。相続税対策のことは気にせず、「争族」対策や相続手続き対策に注力しましょう。

一方、財産の評価額の合計が基礎控除額を大幅に上回っている場合には、相続税がかかる可能性が高いと思ってください。節税対策や納税資金対策を行う必要がありますので、早い段階で税理士に相談をしておきましょう。

基礎控除額と財産の評価額の合計額が近接していて判断が難しい場合には、現在や将来の状況とあわせて、対策の要否を検討してください。今後は収入よりも支出のほうが多い見込みであれば、財産は月日を経るごとに目減りしていくはずですので、数年後には基礎控除額を下回る可能性が高いと考えられます。一方で今後も継続的な収入が多額にある見込みであれば、財産は増えていくので、生前に贈与を行なうなど、何がしかの対策を検討したほうが安全でしょう。

お金の終活のスタートでは、詳細な計算よりも、このような大まかな計算により自分にとって相続税が関係ありそうかどうか、目安を知ることがポイントです。財産の一覧表を作成することで、お金の終活を進めるにあたって、自分が行なうべき方向性が見えてきたのではないでしょうか。まずは財産の一覧表を作成し、そして、それを毎年続けていくことが重要なのです。

知ればトクする相続税の特例と注意点

相続税法には、税額に影響する特例がいくつか存在します。ここでは、特に税額に対する影響の大きい「**小規模宅地の特例**」と「**配偶者の税額軽減**」というふたつの特例について紹介します。

なお、特例はいずれも、自動的に適用されるのではなく、相続税の申告書を出さないことには使えないということも覚えておきましょう。

□小規模宅地の特例

この特例は、被相続人や被相続人と同一生計であった親族が、**事業用**に使っていた土地や**自宅の敷地**として使っていた土地について、**相続税の計算上とても低い価額で評価してもらえる**という特例です。

自宅の敷地や事業用敷地は簡単に売却できるものではありません。そのため、これらを引き継いだ相続人が、多額の相続税の支払いができずに大切な土地を売らざるをえなくなるような事態を避けるため、設けられている制度です。

この制度による減額割合はとても大きく、該当の土地が**最大で80%減額**されます。仮に評価額が3000万円の土地であれば、600万円として計算できるということです。

ただし、相続開始直前のその土地の用途により、減額してもらえる面積の上限や、減額してもらえる割合が異なります（図表⑬参照。なお、この特例はその土地をもらう人にも要件があ

図表⑬■小規模宅地の特例により減額される割合　※相続の開始の日が平成27年1月1日以後の場合

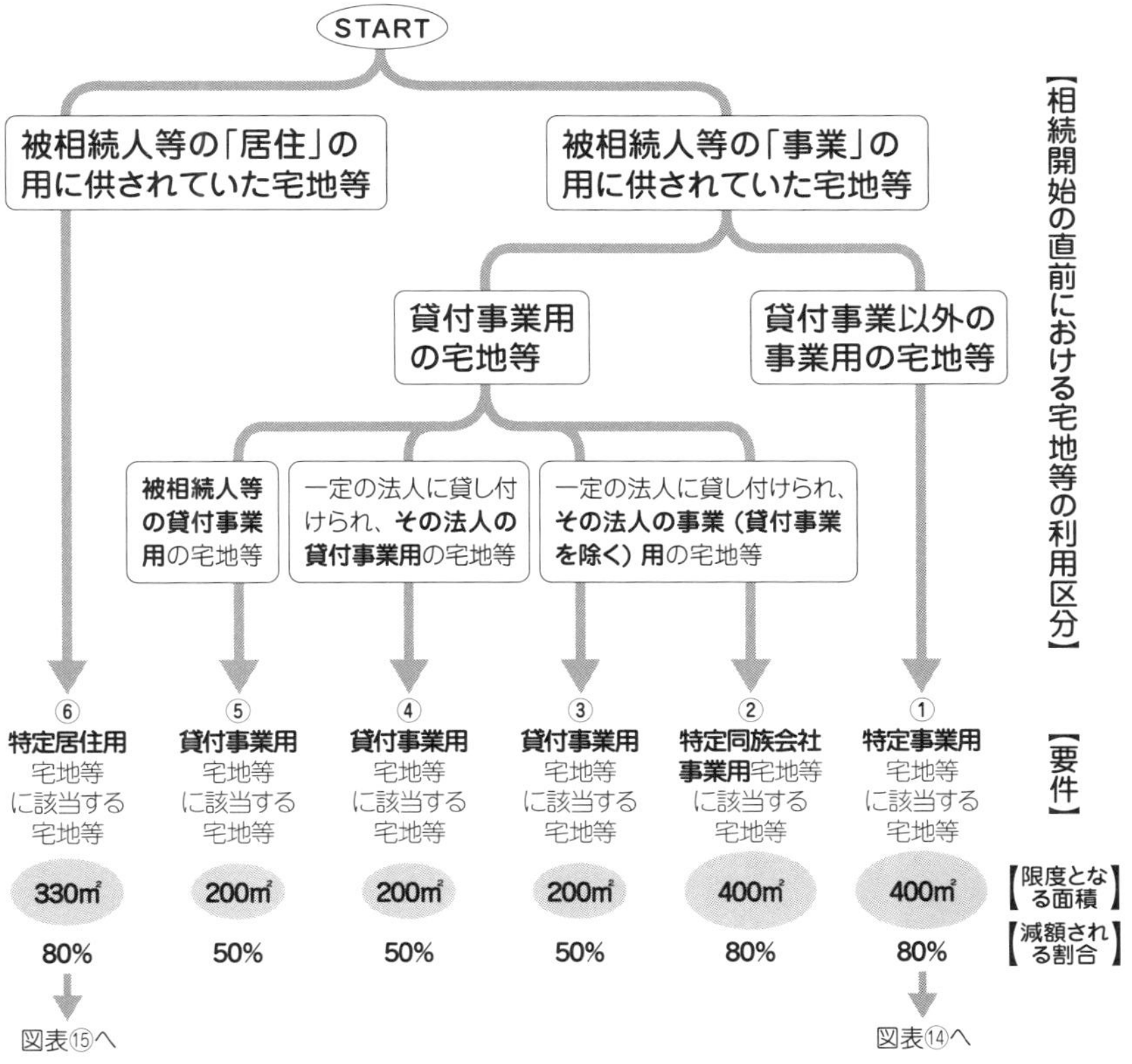

※図内の「被相続人等」とは、被相続人または被相続人と生計を一にしていた被相続人の親族をいいます。

図表⑭■特定事業用宅地等の要件

区分	特例の適用要件	
被相続人の事業の用に供されていた宅地等	事業承継要件	その宅地等の上で営まれていた被相続人の事業を相続税の申告期限までに引き継ぎ、かつ、その申告期限までその事業を営んでいること
	保有継続要件	その宅地等を相続税の申告期限まで有していること
被相続人と生計を一にしていた被相続人の親族の事業の用に供されていた宅地等	事業承継要件	相続開始の直前から相続税の申告期限まで、その宅地等の上で事業を営んでいること
	保有継続要件	その宅地等を相続税の申告期限まで有していること

り、これについては図表⑭および図表⑮に記載してあります）。

相続税がかかりそうな人は、この制度のことも含めて財産の行先を検討するとよいでしょう。

メモ 例えば、小規模宅地の特例適用要件を満たす取得者が長男のみであったのに、遺言書のなかで該当の土地につき「二男に相続させる」と記載していては、家族が余分な税金を支払うことになります。もちろん、要件を満たさないことを知ったうえであえて二男に相続させる、というのであればよいのですが、単なる見落としであれば悔やみきれません。

土地については、要件を満たすことにより、このように大きく減額してもらえる制度があることを知っておきましょう。

□配偶者の税額軽減

この制度は、配偶者が相続で受け取った財産について

図表⑮■特定住居用宅地等の要件

<table>
<tr><th rowspan="2">区分</th><th colspan="2">特例の適用要件</th></tr>
<tr><th>取得者</th><th>取得者ごとの要件</th></tr>
<tr><td rowspan="3">被相続人の居住の用に供されていた宅地等</td><td>被相続人の配偶者</td><td>「取得者ごとの要件」はありません。</td></tr>
<tr><td>被相続人と同居していた親族</td><td>相続開始の時から相続税の申告期限まで、引き続きその家屋に居住し、かつ、その宅地等を相続税の申告期限まで有している人</td></tr>
<tr><td>被相続人と同居していない親族</td><td>❶から❸のすべてに該当する場合で、かつ、次の❹および❺の要件を満たす人
❶相続開始時において、被相続人もしくは相続人が日本国内に住所を有していること、または、相続人が日本国内に住所を有しない場合で日本国籍を有していること
❷被相続人に配偶者がいないこと
❸被相続人に、相続開始の直前においてその被相続人の居住の用に供されていた家屋に居住していた親族でその被相続人の相続人（相続の放棄があった場合、その放棄がなかったものとした場合の相続人）である人がいないこと
❹相続開始前3年以内に 日本国内にあるその人またはその人の配偶者の所有する家屋（相続開始の直前において被相続人の居住の用に供されていた家屋を除く）に居住したことがないこと
❺その宅地等を相続税の申告期限まで有していること</td></tr>
<tr><td rowspan="2">被相続人と生計を一にする被相続人の親族の居住の用に供されていた宅地等</td><td>被相続人の配偶者</td><td>「取得者ごとの要件」はありません。</td></tr>
<tr><td>被相続人と生計を一にしていた親族</td><td>相続開始の直前から相続税の申告期限まで、引き続きその家屋に居住し、かつ、その宅地等を相続税の申告期限まで有している人</td></tr>
</table>

は、ほとんど相続税をかけないようにしよう、という制度です。

具体的には、**1億6000万円と配偶者の法定相続分相当額のいずれか多い金額まで**であれば、配偶者が相続で受け取った財産には一切税金がかかりません。

メモ　例えば、全財産が5億円あり、相続人が妻と子の2名と仮定すると、妻の法定相続分相当額は2億5000万円です。この場合、妻が実際に相続でもらった財産が2億5000万円まででであれば一切相続税がかからない、ということです。また、1億6000万円まででであれば、法定相続分以上を妻が受け取っても相続税がかかりません（例えば、相続財産の合計額が仮に1億5000万円であれば、妻が全財産を相続すれば、相続税は0円になります）。

では、この制度を最大限使い、相続税を安くすればよいかといえば、実はそうとも限りません。

この制度の趣旨は、夫婦であれば財産を一緒に築き、守ってきた相手なので相続税をかけないでおこう、という面にありますが、国税庁としては、「夫婦の世代は近いことが多く、夫の財産が妻に移った段階で相続税が取れなくても、どうせ近いうちに妻についても相続が発生するので、そこで税金を取ればよい」という意図もあるように思えます。

メモ

先ほどの例で、相続財産が1億5000万円であるなら、すべてを妻が相続すれば、相続税は1円もかかりませんが、次に控えている妻の相続のことも含めて検討する必要があります。仮に、妻自身が、もともと5000万円の財産を持っているのであれば、1億5000万円すべてを相続することで、妻の財産は2億円に膨れ上がります。もちろん生活をしていくなかで減っていくでしょうが、それで減るにも限度があります。妻の相続の際にそのまま2億円が残っていれば、今度はこの2億円を基に相続税の計算をすることになるのです。相続税は累進課税制度を取っており、相続税の対象になる財産が多いほど、税率が高くなる仕組みであることを、くれぐれも忘れずに。

また、夫の相続のときの基礎控除額は、そのとき存命だった妻も法定相続人の人数に入れて計算ができます。

仮に子が2人であれば、法定相続人は3人なので、3000万円＋3人×600万円で、4800万円。一方、その後の妻の相続の際には夫はいませんので、法定相続人は子2名のみです。すると、基礎控除額も3000万円＋2人×600万円＝4200万円で、夫の相続のときよりも少なくなってしまうのです。

そのため、目先の税額だけを考えて配偶者の税額軽減の制度を最大限活用することが常に得策とは限りません。制度を最大限利用しようと妻の取り分を増やしたことで、将来的に起こる妻の相続の際の相続税が高くなり、一連の相続をあわせて考えると、むしろ税金が増えてしまう、という可能性があるのです。

この制度を活用する際は、自分の財産のことだけではなく、配偶者の財産のこともあわせて検討すべきことを知っておきましょう。

あなたの財産に対して相続税がかかりそうな場合には、このように、**渡す相手によって税額が大きく変わる制度があること**を知っておいてください。税金のことをまったく検討せずに遺言書をつくった結果、家族が払うべき税金が高額になってしまうこともあるのです。「お金の終活」の具体策においては、遺言書の作成段階で相続税のシミュレーションをするなどして、特例適用の可否などをあわせて検討しておきましょう。

ちなみに、遺言書の作成をサポートしている事務所は、税理士との提携がある場合がほとんどです。情報の連携の面から、遺言書のサポートと相続税シミュレーションを関連のない事務所に依頼するよりも、提携関係のある事務所に依頼することをお勧めします。

第3章

【資産を守る】

いまある資産をどう守る？
これからの人生で起こるお金のこと

◉お金の終活【資産を守る】その（1）

終活を考えたときに知っておきたい「3つ」のお金

相続税を減らす3つの方法

この章は、「**お金について正しく知る**」ことを目的としています。お金の終活をしていくなかで、お金について正しい知識を持っていなければ、判断を誤ってしまいます。後悔しないお金の終活をするために、お金についての基本の考え方を知っておきましょう。

ここではまず、**相続税を減らす3つの方法と考え方**について解説します。

相続税として国に納める金額は、「できる限り減らしたい」と思う人が大半でしょう。

積極的に多くの税金を支払いたいという人は、あまり聞いたことがありません。

メモ

あまりにも節税にこだわるのは危険です。税金を減らすことばかりに気を取られてしまうと、節税自体はできたとしても、あなたの家族にお金が残せなくなってしまう可能性があります。なぜかといえば、相続税が減る原因は、原則として「財産が減る」または「財産の価値が下がる」ことであるためです。

相続税を減らすには、**「使う」「ほかのものに変える」「あげる」**の3つの方法しかありません（この〝基本3原則〟とあわせて、137ページ以降で紹介した特例があると考えてください）。

メモ

まず「**使う**」とは、文字どおり、**お金を使ってしまうこと**です。例えば、旅行に行く、美味しいものを食べるなど、**形に残らないものに使ってしまう**ことで、お金が目減りし、相続税の負担も減ります。

ふたつめの「**ほかのものに変える**」とは、相続税の評価の性質を利用したもので、例えば前にも少し触れましたが、３０００万円の預金と、３０００万円で買った建物では、一般に建物のほうが相続税の計算上での価値が低くなります。また、建物であれば年数の経過とともに価値が目減りするので、相続発生時まで預金をそのまま持っている場合に比べ、半額以下の評価になることもあります。このように、**相続税の計算上で評価が低いものに変えることで相続税を減らす**方法のことです。

最後の「**あげる**」は、贈与や寄附で**自分以外の人に財産を渡す**ことで、手もとの財産を減らした分、相続税は下がります。

節税というと、とても難しく感じるかもしれませんが、結局のところ、「使う」「ほかのものに変える」「あげる」という**3つの方法の組み合わせ**なのです。お金の終活をするなかでは、このようなシンプルな形で基本を押さえておきましょう。

相続対策はバランスが重要

お金の終活をする際には、全体のバランスを見て対策を行なうべきです。節税などの断片だけに着目した対策では、家族を困らせることにもなりかねません。

ここでは、**相続税対策に偏って対策をした場合の失敗例**をいくつか紹介します。あなたの例にあてはめて、このような不十分な終活をしていないか、検証してみてください。

失敗例❶　節税対策でお金を減らしすぎて、相続税が支払えなくなる事例

相続税の計算上、現預金より建物のほうが低く評価されがちだからといって、現預金の大半を建物などに変えてしまっては、相続税を払うお金がなくなってしまいます。

メモ　相続税は**現金での一括払い**が原則。分割払いである**延納**や、モノで納める**物納**という

制度もありますが、延納は利息分の税金も発生しますし、また申請すれば必ず認められるとも限りません。また、物納についても、どんなものでも認められるわけではなく、要件が細かく定められています。もしお金が足りなかったら延納か物納にすればよい、などと安易に考えないほうがよいでしょう。

相続税対策のため、借入をしてアパートなどの建物を建てる場合もあります。もちろん、節税としての効果は期待できますので、この方法すべてを否定するわけではありませんが、借金をするということは、当然、返済義務が生じます。あなたに相続が起きた後、家族がその借金を背負っていくことになることを、きちんと認識したうえで行なってください。

メモ
アパートを建てて入居者募集という選択は、必ずしもうまくいくとは限りません。相続税自体は減らせたとしても、借入金の利息や管理委託先へ支払い、入居者を途切れさせないための修繕費等に加え、入居者とのトラブルや空室問題の気苦労など、素直に相続税を払っていたほうが負担が少なかった、ということになれば本末転倒です。

税金を減らすということだけに着目するのではなく、必ずデメリットも知ったうえで検討してください。また、ひとりで決めてしまうのではなく家族や、アパート建築に関して利害関係のない専門家の意見を聞いたうえで、総合的に判断するようにしましょう。

失敗例❷　生前贈与で財産が他家に流れてしまう事例

早い段階から生前贈与をすることで、相続税を減らす効果があるのは前述のとおりですが、そのリスクもあわせて知っておきましょう。仮に、あなたが長男に対して生前贈与を行なった後、**何らかの事情で長男があなたより先に死亡してしまったとき**が問題です。

長男夫婦に子がいれば、長男の相続人は長男の妻と子です。子がいる以上、あなたは長男の相続人にはなれません。つまり、あなたが長男に渡した財産は、すべて長男の妻と子に渡ることになるのです。いったん正式に贈与が成立している以上、「もともとは自分のものだったから」といって取り戻す権利は、あなたには一切ありません。

メモ　現預金の贈与であればまだしも、例えば二世帯住宅などで、**あなたと長男一家が同居している家の名義を長男に贈与していた場合**、その家は、長男亡き後、長男の妻と子の所有になります。長男の妻は、長男の死後再婚する可能性もありますが、もちろんあなたには再婚を制限する権利はありません。そのとき、もし「ここは私の名義の家なので出ていってほしい」といわれても、あなたの名義がない以上、あなたは何もいうことはできません。また、あなたが経営し、長男を後継者候補にしていた会社の株式の場合には、長男の妻や子が株主として入ってくることになります。

このような困った事態にならないために、重要な財産を生前贈与する際には、あわせて**相続の順序が逆転した場合**に備えた対策もしておいてください。

例えば、贈与と同時に、万が一あなたより先に長男が死亡した場合は、その財産があなたに戻ってくるよう、長男に遺言書を書いておいてもらうことです（ただし、遺言書の撤回は本人の意思のみで可能。遺言書作成後、遺言書を変更しないことまでの拘束は困難です）。

また、自社株の場合には会社の定款に、株主に相続が起きたときに会社が買い取れる旨の規定を定めておく方法もあります（これにより、長男の妻や子が長男の相続で取得した株式を、会社が強制的に買い取ることが可能になります）。

自分より先に子に相続が起きることなど、考えたくないことかと思います。また、実際にあなたが長男に贈与した財産が長男の妻や子の名義になったところで、問題が起きるかどうかは関係性にもよりますから、一概にはいえません。

しかし、起こりうるリスクを知ったうえで対策をしておくことで、防げる問題がほとんどです。家や自社株など重要な財産を生前贈与する際には、相続が起きる順序が逆転する可能性も検討し、対策をしておきましょう。

失敗例❸　安易に養子縁組をしたことで「争族」になる事例

相続税の額は、基礎控除額が大きいほど少なくなります。前述のとおり、基礎控除額は「3000万円＋600万円×法定相続人数」で計算します。つまり、法定相続人が増えれば基礎控除額が増え、それにともなって相続税も減る、ということです。この「法定相続人」は誰かが相続放棄をしても変動しませんし、遺言書を書いても変わりません。すなわち、原則として意図的に増減させることは不可能なのです。

しかし、ひとつだけ方法があります。それは、養子縁組をすることにより、子供の数を増やす、ということです。

メモ　以前は何人養子に入れても、その分、基礎控除額を増やすことができたのですが、極端に多い人数を養子に入れて相続税を減らした事例があり、現在は基礎控除の計算に入れられる養子の数が制限されています。基礎控除の計算上考慮できる養子の人数は、**実子がいる場合は1人まで、実子がいない場合は2人まで**。1人もしくは2人まではいえ、孫などを養子に入れることで相続税を減らすことができるということです。

しかし、節税になるからといって、安易に養子縁組をしてしまってよいのでしょうか。

養子縁組をするということは、新たに親子関係ができるということ。

これは当人にとって（もちろん当人以外の当事者にとっても）とても大きな出来事です。「今後、家を継いでいってほしい」とか、「後継者候補である」とか、「これまでも親子同然で暮らしてきたから」とか、そういった特段の事情があればよいのですが、単に相続税を減らすためだけに養子縁組をするというのは、あまり自然ではないように思います。

また、養子縁組により子を増やすということは、単に相続税の基礎控除額が増えるのみでなく、その養子自身も相続人になる、ということです。

相続において養子が持つ権利は、実子と同じ。つまり、相続人がもともと長男と二男のふたりであった場合には、それぞれが相続で主張できる権利は2分の1ずつ。ここで長男の子である孫を養子にすると、長男、二男、養子になった孫の取り分がそれぞれ3分の1になる、ということです。ここまでのことを想定しているでしょうか（また、家単位で見れば、長男一家の取り分が3分の2、二男一家は3分の1です。このことを二男は納得するでしょうか）。

養子縁組による節税を否定しているわけではありませんが、養子自身の心情はもちろんのこと、相続税の基礎控除額が600万円増えるメリットと、新たな相続人が増えることで起きうる問題点、それらを総合的に考慮に入れながら家族で慎重に検討してください。

失敗例❹　相続税の特例を追求した結果、家族に溝ができる事例

相続税を大幅に減らすことができる、小規模宅地の特例や配偶者の税額軽減については、第2章で「適用の可否を検討してから渡す相手を決めましょう」と記しました。これと矛盾するような話ですが、最も税金が安くなる方法が、家族にとって最良の方法になるとは限りません。

例えば、相続人が配偶者、同居の長男、別世帯の二男の3人であるような場合。

特例の適用等を考えてシミュレーションをしたところ、妻と長男に大半の財産を渡し、二男にはほとんど財産を渡さない方法が最も相続税が安くなるとします。この内容で遺言書を作成すれば、確かに相続税の節税という面では最適かもしれません。しかし、本当にそれでよいのでしょうか。

その内容の遺言書を見た二男は、どう感じるでしょう。正式な遺言書があればいくら二男が納得していなかろうと手続き自体はできますが、その後、長男一家との間にわだかまりが残る可能性もあります。

どのような分け方をしたら税金が安くなるか、その内容を知っておくことは大切ですが、

節税対策に終始した結果、家族に溝ができてしまっては、悔やんでも悔やみきれません。

そもそも、相続税対策とは別の事情で、「二男にはあまり財産を渡したくない」という意図のうえ（その意図自体の善し悪しは別にして）であればまだしも、単に節税目的だけで取り分を減らされては、納得できるはずがありません。

多少相続税が高くなったとしても、家族の心情も踏まえたうえで、遺言の内容を検討しておきましょう。

このように、節税対策だけに偏ると、税金とは別の面で問題が生じる可能性があります。お金の終活をする際には、節税だけの視点ではなく、全体のバランスを見て検討するようにしましょう。

◉お金の終活【資産を守る】その(2)

「贈与」という、いまからできる、資産を残すための節税対策

「使う」「ほかのものに変える」と、「あげる」の違い

前節で、節税対策に「使う」「ほかのものに変える」「あげる」の3パターンがあることを述べました。実は、この3つのうち、「あげる」だけは少し性質が異なります。ここでは、その違いについて解説します。

3つの節税対策のうち、「あげる」だけに、ある特徴があります。

それは、「あげる」方法だけが、**家族単位で見たときに、財産のボリュームを減らすこ**

となく行なうことができるという点です。

お金を「使う」と、当然ですが、お金は減ります。旅行や食事などは、大切な経験や思い出にはなりますが、財産的な価値としては残りません。つまり、「お金」は外に出ていき、家族単位で見たときに、財産自体が目減りする、ということです。

また、節税対策として「ほかのものに変える」ということは、価値の低いものに変えるということです。２０００万円の預金を使って２０００万円の建物を建築することで、相続税上の評価額が下がると前に述べましたが、これもまた、財産的な価値は下がっていると判断されるからです。

メモ　具体的にイメージするとわかりますが、特別な事情がなければ、２０００万円で買った建物は、通常は２０００万円で売ることは不可能です。つまり、この方法での節税も、家族単位で見ると財産の価値が目減りし、その結果として相続税が下がるということなのです。

これらとは対照的に、「あげる」だけは〝家族のなか〟にお金を残すことが可能です。

もちろん「あなた、ひとり」の単位で見たら、財産は減っています（だからこそ、相続税は減ることになります）。しかし、あげたお金は、家族単位で見たときには外に出ていったのではなく、あなたの家族のもとに渡っただけなのです。

つまり、**家族単位で見たときにお金を減らさずにできる唯一の節税方法**が「あげる」なのです。お金の終活をする際には、この基本の考え方も知っておきましょう。

「あげる」の基本形と注意点

このように、「あげる」だけが家庭内に財産を残しつつできる節税方法というわけですが、それで多額の贈与税がかかるようでは、もらった側も困ってしまいます。ここでは、贈与税の基本と注意点について知っておきましょう。

贈与税は通常、同じ額の財産を相続で渡すよりも税金が高くなります。これは、本書で何度も登場している相続税の基礎控除額が多額であり、贈与税にはこれほど高額な控除がないという点が大きな理由です。

贈与税は、贈与で財産をもらった人に対してかかる税金です。具体的には、ある人が1年間に贈与でもらった財産の総額から110万円という決まった金額を引いて、引いた後の金額を図表⑯の税率表にあてはめて税額を計算します。

直系尊属（父母や祖父母など）から
その年の1月1日において20歳以上
の者への贈与税の計算に使用する
↑

図表⑯■贈与税の税率（平成27年以降）

基礎控除後の課税価格（基礎控除110万円を引いた後の額）	一般税率（一般贈与財産用）		特例税率（特例贈与財産用）	
	税率	控除額	税率	控除額
～200万円以下	10%	—	10%	—
200万円超～300万円以下	15%	10万円		
300万円超～400万円以下	20%	25万円	15%	10万円
400万円超～600万円以下	30%	65万円	20%	30万円
600万円超～1,000万円以下	40%	125万円	30%	90万円
1,000万円超～1,500万円以下	45%	175万円	40%	190万円
1,500万円超～3,000万円以下	50%	250万円	45%	265万円
3,000万円超～4,500万円以下	55%	400万円	50%	415万円
4,500万円超～			55%	640万円

メモ
平成27年以降の贈与税の税率は、「**一般贈与財産**」と「**特例贈与財産**」に区分され、異なる税率が設けられています。贈与を受けた相手により区分が異なりますので、このことを知ったうえで、表をご参照ください。

ちなみに、贈与を受けた金額から110万円を引いた結果、金額が残らなければ、贈与税は発生せず、申告自体も不要となります。これが「年110万円以下の贈与が非課税」という意味です。これは知っている人も多いのではないでしょうか。

この110万円は、もらった人が持っている枠と考えてください。

例えば、同じ年内に父から100万円、母からも100万円の贈与を受けた場合には、各贈与が110万円以下だから贈与税がかからない、ということではありません。

この場合には、１００万円＋１００万円で計２００万円の贈与を受けたとして、贈与税額を計算します。２００万円から１１０万円を控除した90万円を、税率表にあてはめて計算するということです。

一方で、贈与する側から見れば、**何人に対して贈与をしても１１０万円の枠が使える**ことになります。

メモ　例えば子３人、孫５人に対して１１０万円ずつ贈与をした場合、贈与を受けた側が、その年中においてほかの贈与により財産を受け取っていないのであれば、全員がそれぞれ１１０万円という枠を使える、ということです。ここは誤解している人も多いので、あらためて整理しておきましょう。

また、この１１０万円は**年ごとに使える控除枠**です。そのため、毎年１１０万円ずつ贈与をしていくことを考える人も少なくありません。しかし、その際に重要なのは、本当に毎年１１０万円の贈与をしたのか、ということです。

実際にその年ごとに贈与することを決め、その都度、贈与をしているのであれば、贈与税は非課税になります。しかし、もともとトータルで１１００万円の贈与をする予定で、それを単に10年をかけて分割払いしているだけであると税務署側に〝判断〟されれば、初年度に1100万円を贈与したとして、全額に対して贈与税が課税されてしまいます。

この基本を知っていれば、「110万円を毎年1月1日に、10年間にわたって贈与する」というような贈与契約書には、問題があることがわかるでしょう。また、仮にあなたが税務職員の立場なら、毎年決まった日に同じ額を贈与している場合、「結局のところ、トータルで大きな金額を渡そうとしているのではないか」という疑いを持ちたくなるはずです。


贈与は、財産を渡したい相手に確実にお金を渡す方法であり、お金の終活をするなかで**大きな選択肢のひとつ**です。しかし、贈与をするうえでは、贈与税の問題は切り離せません。そのため、贈与税の制度の基本を知ったうえで正しく活用しましょう。

「現在、行なっている贈与の方法に問題がないか」

「今後、問題なく贈与するにはどうすればよいか」

こうした疑問があるときは、相続税や贈与税に詳しい税理士に相談をすることをお勧めします。

◉お金の終活【資産を守る】その（3）

マイナンバーと相続対策

マイナンバー制度の概要と生活への影響

ここでは簡単にマイナンバー制度について解説します。平成28年1月1日に始まったマイナンバー制度。すでにお手もとには、マイナンバーの通知カードが届いていることと思います。

メモ　マイナンバー制度は、「行政の効率化」「国民の利便性の向上」「公平・公正な社会の実現」という3つの目的のためにつくられた制度です。「**行政の効率化**」とは、各行政機関が保有している個人情報のやり取りをスムーズにすることで、無駄な時間や労力を削減しよう、ということ。「**国民の利便性の向上**」とは、役所での手続きを行なう際に必要な添付書類や、同じことを複数の役所に伝える手間を省きましょう、ということ。「**公平・公正な社会の実現**」とは、生活保護の不正受給や脱税などの不正を減らす一方で、本当に必要な人に必要なサービスを提供できるようにしましょう、ということです。

マイナンバー制度についてはまだ新しい制度ということもあり、多くの誤解が存在します。例えば、マイナンバーを他人に知られると、その番号のみで個人情報が引き出されてしまうと思っている人もいますが、現状ではそのようなことはありません。他人のマイナンバーがわかったからといって、その人の資産状況や病歴などを調べられるわけではないのです。

もちろん、番号を知られたことで預金口座からお金を引き出されるようなこともありません（この意味では、クレジットカードの番号のほうがよっぽど他人に知られたら危険だといえます）。

また、日本では**マイナンバー自体での本人確認は禁止されている**ので、〝なりすまし〟も困難です。マイナンバーカードで本人確認をすることは認められているので、誤解を招きやすい部分ではありますが、これはマイナンバーカードに名前のほか住所、生年月日等の情報とあわせて顔写真が記録されているためで（公的な身分証明書として運転免許証や住基カードで本人確認を行なうのと同じ意味合いです）、マイナンバーカードに記録されているマイナンバーを見て本人確認をするわけではないことを知っておくとよいでしょう。

すなわち、例えばマイナンバーの通知カードで本人確認を行なうことは認められていません（通知カードには顔写真の記載がなく、これでの本人確認を認めると、なりすましが容易にできてしまうため）。もちろん、マイナンバーを必要もないのに教えることは避けるべきで、正当な理由のない相手には番号を伝えないようにしてください。

メモ

当面、番号を教える可能性がある相手は、市町村役場や税務署、年金事務所などの公的な機関か、あなたの勤務先、またはあなたが個人事業主として仕事を受けている先、もしくは金融機関くらいです。

導入まもない制度とはいえ、必要以上に恐れる必要はありません。制度の概要を正しく知ったうえで、銀行のキャッシュカード等と同様、しっかりと管理しておきましょう。

マイナンバー制度は、現状では「社会保障」「税」「災害対策」の分野でのみ使われていますが、今後はこれ以外にも、さまざまな場面での活用が予定されています（例えば、相続が起きると、いくつかの役所に死亡の旨を届けたり、手続きしたりする必要がありますが、将来的には、こういった相続手続きの簡略化も期待できるかもしれません）。

マイナンバーはまだまだ発展途上の制度です。今後の改定情報に注意しておきましょう。

マイナンバーで相続対策は変わるのか？

マイナンバー制度が施行されたことで、相続対策に関してはどのような影響があるのでしょうか。手続き面でいえば、平成28年1月1日以後に相続または遺贈により取得した財産にかかわる相続税の申告から、申告書へのマイナンバーの記載が必要となりました。

一方で、マイナンバーの開始によって相続税の計算方法などが変更されたわけではありません。

ただし、預金口座へのマイナンバーの付番《ふばん》に関しては、気になっている人も多いのではないでしょうか。現状では、平成30年からの預金口座への付番が決まっています。開始から当面は任意ですが、近い将来、番号を提供しなければ預金口座がつくれなくなる可能性もあります。口座がマイナンバーをもとに紐《ひも》づけされることで、マイナンバー制度の趣旨のひとつである「公平・公正な社会の実現」にはつながりやすくなると思われます。

つまり、「脱税の発覚」はしやすくなるでしょう。

これにより、不正の発覚を恐れて、預金口座を解約する人もいるようです。しかし、現金の状態で多額のお金を保管することはお勧めできません。盗難に遭う危険のほか、例えば相続発生後、相続人のひとりが現金を持ち出すなどをした場合に、「もともと現金がいくらあったのか」がわからず、トラブルの原因になります。

また、税務署はそもそも職業や申告されている年収、家族構成などから、相続発生時におおよそいくらの財産があるのかのあたりをつけているといわれています。税務署はマイナンバー制度開始以前においても、必要に応じて被相続人や相続人の預金について調べる権限を持っています。そのため、口座に付番されたところで、本質的には変わるわけではありません。

相続税についての税務調査は非常に多いといわれています。焦って隠したところで、発覚することがほとんどなのです。

それどころか、お金を隠したことが悪質と見なされれば、「重加算税」という多額のペナルティがかかる可能性もあります。

預金口座への付番に焦ってお金を隠すのではなく、より早い段階から、生前贈与などの正攻法の対策、すなわち、お金の終活をしておきましょう。

◉お金の終活【資産を守る】（4）

「老後に3000万円あれば安心」は本当か？

そもそも「平均値」に意味はあるのか？

お金の終活をしていくなかで、老後の生活に必要なお金を知っておくことも大切です。

ここではあなたが老後の生活を送るのにいくら必要なのか、また、そのために必要なお金は足りているかどうかを判断する方法についてお伝えします。

「老後に3000万円あれば安心」とか、「夫婦ふたりでゆとりある老後を送るには1億円は必要だ」といった具合に、老後の生活に必要な貯蓄額については、さまざまな情報が存在します。

第1章で、高齢者世帯における生活費の現状や貯蓄額などの統計データを紹介しましたが、このような情報や平均値は、あなたにとって必要なお金の算定に、本当に参考になるのか、少し立ち止まって考えてみてください。

まず、あなたが老後に住む家が「持ち家」か「賃貸住宅」かで必要な金額は大きく異なるはずです。また、「夫婦のみ」で暮らすのか、「子供世帯と同居」するのかによっても違うでしょう。さらに、趣味によっても変わってくるはずです。「ゴルフ」が趣味である人と、「公園での散歩」が趣味の人では、必要な額が同じはずはありません。

さらに、「都心」に暮らすのか、「地方」で暮らすのかによっても大きく違うはずです。

そもそも、「老後」とは何歳からをいうのでしょうか。これも状況や価値観によって大きく異なるのではないでしょうか。

具体的に例を挙げます。

地方に暮らし、自宅前の畑で野菜を育て、できた野菜は近所の人と交換。趣味は家庭菜園とご近所との交流……という人であれば、貯蓄などなくても年金だけで十分暮らしていけるかもしれません。一方で、都心のタワーマンションに暮らし、趣味は毎年の海外旅行。

週に1度は夫婦ふたりで外食する生活を続けたい……というのであれば、3000万円の貯蓄でも足りるとは思えません。

このように考えると、老後生活に必要な資金の平均値に、ほとんど意味がないことがわかるのではないでしょうか。

自分にとって必要な生活資金を考える際には、平均値や一般論に振り回されることなく、〝自分ごと〟として、現実のお金として考えることが大切です。

あなたが老後にゆとりある生活をするためにいくら必要なのかについては、どんな専門家よりも、あなた自身のほうが、よっぽど正確な数字を出せるはずです。まずは、このことを知っておきましょう。

実際に計算してみよう

では、老後の生活のために、あなたにとってどのくらいの資金が必要なのか、実際に試算してみましょう（計算は171ページの「老後に必要なお金の試算表」を使用してください）。

はじめに、前述のとおり「老後」といっても何歳からをいうのか、人によって異なります。ここでは、あなたの家のなかで主に収益を得ている人が退職した後のこと、と仮定してください。人によっては60歳でしょうし、あるいは70歳かもしれません。

まず、「**老後の収入／月**（A）」欄に、収入をひとつずつ記載します。

老後におけるあなたと、あなたと一緒の世帯で生活をする予定の家族の、月間の収入予定額を記載していきましょう。多くの人は、ここに年金の収入が入ります。おおよその年金額は、ねんきん定期便を見るか、最寄りの年金事務所で確認が可能です。国の年金のほか、個人的に掛けていた個人年金などがあれば、これも記載してください。

また、不動産収入などがある人は、これも記載しておきましょう。このほか、株式等の保有による配当収入など定期的な収入が見込まれる場合には、これらも書いておいてください。この段階では、あまり細かい数字にはこだわらず、大まかな金額を把握するようにしましょう。記載ができたら、これらを足し算した合計を記入してください。

次に、毎月の支出について記載します。まずは、「**現在の支出／月**（B）」欄に、いま現在、世帯全体で実際にかかっているおおよその金額を、トータルで記入してください。そして、「（Bのうち）**老後には不要の支出**（C）」欄に、いま現在はかかっているが老後にはかからなくなる見込みである支出を記載していきましょう。

例えば、現在子供が学生であれば、学費などの教育費がかかっているはずです。ほかに

図表⑰■老後に必要なお金の試算表

老後の収入／月（A）		内容	金額
			円
			円
			円
		計	円
老後の支出／月	現在の支出／月（B）		円
	（Bのうち）老後には不要の支出（C）	内容	金額
			円
			円
			円
		計	円
	（Bのほか）老後にかかる費用（D）	内容	金額
			円
			円
			円
		計	円
	老後の支出／月（E）	B－C＋D	円
1か月あたり収支（F）		A－E	円
年あたり収支（G）		F×12か月	円
老後の年数（H）		平均余命表より算定	年
あなたの老後に必要な貯蓄金額		G×H	円

も、子供しか使っていないインターネット回線費用や携帯電話料金などが考えられます。

また、子の独立で世帯人数が減る場合には、食費も減る可能性がありますので、これも減る見込みの金額を記入しておきましょう。あるいは、現在支払っている住宅ローンの支払いが、老後の段階で終わるのであれば、これも記載します。

そのほか、外食費用や自動車にかかる費用など、現在かかっている月の支出のうち、かからなくなる見込みのものや減る予定の金額を計上しておいてください。

計上ができたら、これらの合計を計算し、記載します。

次に、「(Bのほか) **老後にかかる費用**（D）」欄に、現在はかかっていない費用で、老後にはかかることになるであろう費用を記載していきます。将来の医療費の予測が困難な場合には、36ページに記載した平均値を使用し、仮に1・5万円としておきましょう。

また、「年に1度は旅行に行きたい」など、年に1度の支出見込みであれば、かかる費用の〈12分の1〉を計上しておいてください。そのほか、あなたや家族にとって老後に必要だと思われる費用を自由に書いていきましょう。

ポイントは、「世間一般にとって贅沢かどうか」といったことではなく、「あなたや、あなたの家族にとって必要であれば記載する」ということです。

メモ　基準は、あなたにとっての「ゆとりある老後」。そのための費用を試算しているのであって、ほかの家庭との比較は意味がありません。

すべて記載ができたら、これらを合計しておきましょう。

次は、「**老後の支出／月**（E）」欄に、「（Bの金額）−《マイナス》（Cの合計）＋《プラス》（Dの合計）」で算出した金額を記載します。これが、あなたとあなたの家族が老後の生活において必要となる1か月あたりの金額になります。

さて、ここまで記入ができたら、まずは収入額と支出額のバランスを見てみましょう。ひと月あたりの**収入見込み**である（A）と、**支出見込み**である（E）とでは、どちらの金額が大きいでしょうか。

収入見込みのほうが多いのであれば、老後のため、無理に貯蓄する必要はないといえます。それよりは将来の相続税の負担を考えて、次世代への積極的な資金移動を考えてください。

一方、ほとんどの人は支出見込みのほうが多いはずです。この場合には、まず月の支出額から月の収入額を引いて、月あたりの収支額を計算しましょう。その結果を、「**1か月**

あたり収支（F）」欄に記入してください。赤字であれば、マイナスの記号（－や▲など）をつけて表示をすると、わかりやすくなります。

月あたりの金額が出たら、これに「12」を乗じて1年あたりの金額を算出し、そのうえで「**年あたり収支**（G）」欄に記入してください。マイナスである場合には、これが1年間で不足する金額、すなわち**貯蓄等で賄《まかな》うべき金額**になります。

次に、図表⑱の平均余命の表を確認してください（平均余命は、その年齢の人が平均してあと何年生きるかという統計値であり、平均寿命とは異なります）。あなたが男性であり、あなたにとっての「老後」が60歳からであるなら、表中の「60歳男性」の部分を見ます。

同様に、そのとき妻が55歳なのであれば、「55歳女性」の部分も見ておきましょう。

ふたつの数値のうち大きいほうを、老後に必要なお金の試算表内の「**老後の年数**（H）」欄に記入します。なお、ちょうど該当する年齢が選択肢にない場合には、数字が大きくなるほうを見るようにしましょう。

図表⑱■主な年齢の平均余命（平成27年）

※「0歳の平均余命」は「平均寿命」のこと。

年齢	男性	女性
0歳	80.79年	87.05年
⋮	⋮	⋮
50歳	32.39年	38.13年
55	27.89	33.45
60	23.55	28.83
65	19.46	24.31
70	15.64	19.92
75	12.09	15.71
80	8.89	11.79
85	6.31	8.40
90	4.38	5.70

ここまで記入できたら、「年あたり収支（G）」に「老後の年数（H）」の数値を掛け、その結果を「**あなたの老後に必要な貯蓄金額**」欄に記入します。これが、あなたが記入した生活を送るために必要な貯蓄額です。

前述のとおり、どの程度の生活が快適なのかは、考え方や状況によって異なります。そのためこの数値は、人によってまったく違う数字になります。一般にいわれている金額よりも、よほど実態に近い数値が算出できたのではないでしょうか。

メモ

厳密にいえば、20年後の100万円と現在の100万円は同価値とはいえません。銀行に預けるなどすれば利息が付くので、その利息分を割り引いて計算をすべきだからです。このような将来の100万円のためにいま必要となる金額を「現在価値」といいます。もっとも、現在は銀行に預けたとしても利息はわずかです。仮に定期預金に1000万円を10年間預金したとしても、年利0・05％程度では税金を除けば5万円にもなりません。10年間預金をしたら倍近くになったような時代であれば、この現在価値への割引計算は必須ですが、マイナス金利が導入されている現在の状況では、それほど意味のある計算だとは思えません。それよりは、大まかに必要な貯蓄額を把握することのほうが重要なのです。

さて、ここまでで、老後の生活のためにあなたにとって必要な貯蓄額が計算できました。

次に、必要な貯蓄が現在保有している金融資産で足りるかどうか、検討していきましょう。

95ページで作成した、あなたの財産一覧表と見比べてみてください。このなかで、預金と現金、そして上場株式や投資信託など、**すぐにお金に換えられそうな資産**は、どれだけありますか。

これらの金融資産と、今後、退職金や親の相続など、まとまったお金を受け取る予定があれば、その金額を足してみてください。

メモ

ただし、親世代からの相続は、親自身の意思や他の相続人との関係もあり、不確定です。あまり期待しすぎないようにしましょう。また、財産一覧表はあなた自身の財産のみを計算したものである一方で、将来の生活費にはあなた以外の家族の持っている資産と合わせて考えたほうが実態に近い場合もあるでしょう。その場合には、家族の持っている金融資産もあわせて検討してください。

「出ずる」をはかって「足る」を知る

ここで、先ほど計算した老後に必要な貯蓄額と、すでに準備ができている資産を比較します。老後の生活費は、現在の金融資産で賄えそうでしょうか。

比較した結果、金額が不足しているのであれば、いくつかの方法を検討する必要があります。足りない資金を足りるようにするためには、３つの方法しかありません。

①支出を減らすこと
②収入を増やすこと
③お金を増やすこと

まず、老後資金の計算上、計上した支出のなかで削れそうなものを検討します。

例えば、年1回の海外旅行の費用を計上したのであれば、2年に1回へと頻度を減らす、あるいは国内旅行に変えること（国内旅行のほうが高くつくこともありますが）などが考えられます。また、外食の頻度を多めに見積もっているのであれば、外食を減らすことを想定して試算してみましょう。あるいは、携帯電話の費用やインターネットの費用など日常に使うものの料金を見直してみるのもひとつです。これは老後の生活費のみならず、現在の生活費を減らすことにも直結します（最近は格安スマホなども普及し、プラン選択の幅も広がっています。各社の説明を聞いたうえで比較・検討してみるとよいでしょう）。

次に、老後の収入を増やすことを検討します。例えば、個人年金などの契約をし、老後の収入を増やすことが考えられます。また、現在利用していないが売却をするつもりのない不動産を賃貸し、収入を得ることもひとつです。

そして、金融資産を増やすことを検討します。現在の生活費を節約して貯蓄するほか、使っていない土地や、ゴルフ会員権を売却するなども選択肢に入れるとよいでしょう。**使用頻度の低い資産の売却**は、**金融資産を増加させる効果**のみならず、**相続が起きた際の手続きの負担軽減**にも役立ちます。

ここまでの計算をしても老後に必要な費用を賄うことが難しい場合には、あなたにとっての老後の年齢を引き上げる、すなわち、働いて収入を得る期間を延長することもひとつです。さまざまなケースを想定し、準備をしておきましょう。

一方で、老後の生活にかかるお金が十分に足りているのであれば、できるだけ早い段階から贈与などを行ない、次世代に渡すことを検討することをお勧めします。

具体的な数字を入れて検討をしたことで、あなたの老後に必要なお金と、必要な貯蓄の全体像が見えたのではないでしょうか。

このように、平均値に振り回されることなく**自分のこととして具体的に考える**ことが、実効性のあるお金の終活をするためのポイントなのです。

◉お金の終活【資産を守る】（５）

医療保険、生命保険など、保険の考え方と対応方法

保険に入る目的をあらためて知ろう

あなたは保険に入っていますか。ひとつも保険に入っていないという人は少ないのではないでしょうか。

お金の終活をするなかで、ぜひ知っておくべきなのが保険に関する考え方です。

保険には、生命保険や損害保険などさまざまな種類があり、うまく使えばとても便利なものですが、本当に必要な保険に加入できていますか。「みんな入っているから」「知人の保険屋さんから勧められたから」と、ただ漠然と入っている人も少なくありません。

保険は、自己資金で賄えない突発的なリスクを補うためのものです。これは、どの保険でも同じことです。

例えば、万が一自動車事故を起こし、相手に怪我をさせてしまった場合には、多額の支払いが必要になります。場合によっては億を超える支払いが生じることもあり、これを自己資金で賄うことができる人は少数です。

また、もし一家の収入の柱となっている人が不慮の事故などで死亡した場合、残された家族は生活に困窮してしまいます。

保険は、こういったリスクを肩代わりしてくれるのです。

一方で、自己資金で賄える程度のリスクであれば、わざわざ保険を掛ける必要はありません。当たり前のことですが、意外とこういった本質を忘れてしまいがちです。まずは、この基本を知っておきましょう。

生命保険は何のために入るのか？

ここでは、保険のなかでも特に生命保険に絞って解説していきます。まず生命保険は何のために契約するのでしょうか。生命保険の目的としてまず考えられるのは、前述のとおり、自己資金で賄えないリスクを補塡《ほてん》するためです。つまり、あなたが死亡した後で家族が生活に困窮することのないように、死亡時にまとまったお金が入るようにしておく、ということです。

しかし、生命保険は、このほかにも考えられる目的があります。ここでは生命保険加入の目的となりうるものを紹介します。すでに加入している保険の目的の見直しや、今後、新たに加入することの要否について考えてみてください。

①自分の死亡後、家族の生活費を補塡するため

前述のとおり、これが保険の本来の目的です。家族の収入を支えている人が働き盛りで死亡した場合などには、家族が生活に困ることになります。そのような事態を避けるために、生命保険を活用することが可能です。

この場合の保険金の額は、自分の死亡後、家族がお金に困らず生活を続けていくためには、どれだけの額が必要かという視点で検討することになります。また、年数が経過するごとに「自分の死亡後、家族が暮らしていく年数」も減っていきますので、年々保険金額が下がっていくタイプの保険も検討するとよいでしょう。

②相続税の非課税枠を活用するため

117ページのメモで記載したように、相続税の計算上、相続人が受け取った生命保険金には、「500万円×法定相続人の数」という独自の非課税枠が設けられています（例えば、あなたの法定相続人が2人なのであれば、500万円×2人の1000万円が非課税額です）。

つまり、同じ1500万円のお金を受け取るとしたときに、1500万円の預金であれば、この1500万円すべてについて相続税がかかります。

一方で、この1500万円が生命保険金であり、法定相続人が2人であれば、1500万円から非課税額である1000万円を控除した残りの500万円についてのみ、相続税がかかるということです。

そのため、相続税がかかりそうな場合に、この非課税枠を活用するため、生命保険に入るというのも目的のひとつになりうるでしょう。この場合には、非課税枠を最大限活用できるよう、保険金額を検討することになります。

③相続発生後の当面の資金を確保するため

相続が起きると、亡くなった人の銀行口座は凍結され、そこからお金を引き出すには時間を要することは、前述のとおりです。一方で生命保険は、預金口座の解約よりもはるかに早く、受取人がお金を手にすることができます。この理由や詳細は第5章で解説しますが、これも生命保険に加入する目的のひとつとなりうるでしょう。

④争族対策として活用するため

受取人が指定された保険は、その受取人の固有の財産です。固有の財産というのは、被相続人名義の預金等とは異なり、相続人どうしで話し合いをするまでもなく、自動的にその受取人のものになるもの、と考えてください。すなわち、生命保険金は、遺産分割協議の対象にならないということです。

この性質を利用して、争族対策に活用することが可能です。まずひとつは、預金ではなく生命保険という形にし、受取人に指定することで、渡したい相手に確実にお金を渡すことができる、ということです。ほかの相続人が納得していなかったとしても、保険であれば、**受取人が自分ひとりだけで手続きが可能**であるためです。

もうひとつは、遺言書と組み合わせることで、渡したい財産を確実に残す方法です。

例えば、57ページで記載した「主な財産が自宅しかない」という事例に活用できます。

具体的に、事例を挙げて解説します。自宅の土地建物が4000万円、相続人が長男と二男のふたり。そのほか自分の財産は、預金が800万円というケース。

あなたは「長男に自宅を継いでほしい」と思っていますが、遺言書にその旨を書いても、二男には遺留分という最低限保証された取り分があります。この場合の二男の遺留分は、法定相続分である〈2分の1〉の、さらに半分である〈4分の1〉です。つまり、あなたの財産である自宅不動産4000万円と預金800万円を合計した4800万円のうち、〈4分の1〉に相当する1200万円は二男に保証された権利、ということです。

仮に、自宅不動産以外のすべての財産である預金800万円をすべて二男に渡したとしても、まだ遺留分には400万円足りません。この場合には、二男は長男に対して、

「遺留分に足りない400万円を、私にください」

と請求できることになります。この請求を、**遺留分減殺《げんさい》請求**といいます。

このとき、長男が身銭を切って400万円を支払えればよいですが、いきなり数百万円単位のお金を渡せといわれても難しいことも多いでしょう。では、自宅のうちその400万円に相当する持ち分を二男名義にすればよいかといえば、これも前述のとおり、問題の先送りになるだけなので、お勧めできません。

そこで、保険を活用するのです。例えば、被保険者があなたである1000万円の生命保険の受取人を長男にしておけば、長男はあなたの相続発生後に1000万円のお金を受け取ることができます。このお金は長男の固有財産になりますので、原則として遺産分割の対象になる財産（この例でいう4800万円の部分）には影響しません。すなわち、長男が生命保険を受け取ったからといって、二男の遺留分は増加しないということです。

生命保険という形でお金を受け取った長男は、二男から遺留分減殺請求をされた際、この保険金から、遺留分として請求された額を支払うことが可能になります。このように生命保険を争族対策として利用する方法もあるのです。

以上のように、生命保険にはさまざまな活用法があります。いまあなたが入っている保険は、あなたの目的に合った契約になっているのでしょうか。お金の終活をしていくなかで、保険についても一度見直してみることをお勧めします。

医療保険は、本当に必要か？

「万が一病気になり、多額の医療費が必要になったらどうしよう」。そのような不安から医療保険に入っている人も、多いのではないでしょうか。

でも、少し考えてみてください。そもそも、預金等では賄えないほど高額な医療費が必要になる可能性は、いったいどれだけあるのでしょうか。

日本の社会保険制度は、かなり充実しています。まず、医療にかかる費用の大半は、自己負担ではありません。医療費の自己負担額は、70歳未満の人はかかった医療費の3割、70歳以上の人は原則2割です。また、自己負担が高額になった場合には、**高額療養費の制度**もあります。これは、その月の負担が一定金額を超えた場合には、その超えた部分の金額を国が負担してくれる制度です。

メモ
高額療養費は原則3割等の自己負担分をいったん医療機関の窓口で支払い、後日超過分の医療費が払い戻される制度ですが、一定要件を満たすときには医療機関への支払いの段階で、支払いを負担の上限までにとどめることも可能です。自己負担の限度額については、図表⑲を参照し、具体的な請求方法については、自分が加入している公的な医療保険の保険者に確認してください。国民健康保険であれば市町村の窓口、健康保険であれば、協会けんぽの窓口などです。自分がどの医療保険に加入しているかは、保険証で確認ができます。

このように、日本には高額療養費の制度があるため、医療費の自己負担は原則としてこ

図表⑲■高額療養費制度（自己負担限度額の計算法）

※厚生労働省保険局「高額療養費制度を利用される皆さまへ（平成27年1月診療分から）」より
http://www.mhlw.go.jp/file/06-Seisakujouhou-12400000-Hokenkyoku/0000075123.pdf

＜70歳未満の方の場合＞

所得区分	ひと月あたりの自己負担限度額
年収約1,160万円～の方 健保：標準報酬月額83万円以上の方 国保：年間所得901万円超の方	252,600円＋（医療費－842,000円）×1％
年収約770～約1,160万円の方 健保：標準報酬月額53万円以上83万円未満の方 国保：年間所得600万円超901万円以下の方	167,400円＋（医療費－558,000円）×1％
年収約370～約770万円の方 健保：標準報酬月額28万円以上53万円未満の方 国保：年間所得210万円超600万円以下の方	80,100円＋（医療費－267,000円）×1％
年収～約370万円の方 健保：標準報酬月額28万円未満の方 国保：年間所得210万円以下の方	57,600円
住民税非課税の方	35,400円

（注）同一の医療機関等における自己負担（院外処方代を含む）では上限額を超えないときでも、同じ月の複数の医療機関等における自己負担（70歳未満の場合は2万1,000円以上であることが必要）を合算できる。この合算額が負担の上限額を超えれば、高額療養費の支給対象となる。

＜70歳以上の方の場合＞

<table>
<tr><th colspan="2">所得区分</th><th>外来
（個人ごと）</th><th>1か月の負担の上限額</th></tr>
<tr><td colspan="2">現役並み所得者
（月収28万円以上などの窓口負担3割の方）</td><td>44,400円</td><td>80,100円＋（総医療費－267,000円）×1％</td></tr>
<tr><td colspan="2">一般</td><td>12,000円</td><td>44,400円</td></tr>
<tr><td rowspan="2">低所得者
（住民税非課税の方）</td><td>Ⅱ（Ⅰ以外の方）</td><td rowspan="2">8,000円</td><td>24,600円</td></tr>
<tr><td>Ⅰ（年金収入のみの方の場合、年金受給額80万円以下など、総所得金額がゼロの方）</td><td>15,000円</td></tr>
</table>

（注）同一の医療機関等における自己負担（院外処方代を含む）では上限額を超えないときでも、同じ月の複数の医療機関等における自己負担を合算できる。この合算額が負担の上限額を超えれば、高額療養費の支給対象となる。

の上限金額を超えることがないのです。つまり、医療保険は、この自己負担限度額部分の支払いの補塡のため、または高額療養費の対象外の負担の補塡のために加入するということになります。

高額療養費の対象とならない医療費として挙げられるものは、入院時の差額ベッド代や食事代、そして先進医療にかかる費用です。このなかでも特に不安になるのが、先進医療にかかる費用ではないでしょうか。しかし、必要以上に不安に思う必要はありません。先進医療といってもすべてが高額なわけではなく、数百万円もかかるような治療は、ほんの一部です。また、先進医療が必要になる可能性も、それほど高いわけではありません。

先進医療とは、難病などの新しい治療や手術などである程度確立されたと厚生労働省が認めた治療をいい、原則として、患者が希望し、医師がその必要性と合理性を認めた場合に行なわれます。

メモ

どのような治療が先進医療として登録されているかについては厚生労働省ホームページに掲載されているので、気になる人は確認してみてください。実際に先進医療を受けた患者数、かかった費用についての統計も公表されています。同省公表の「平成27年6月30日時点で実施されていた先進医療の実施報告について」（平成27年度〈＝平成26年7月1日～27年6月30日〉実施報告）によれば、平成27年6月30日時点で登録されている先進医療技術数は１０８種類。調査期間内に先進医療を受けた患者数は、すべての先進医療治療の合計で2万８１５３人。日本の人口が約１・2億人であることを考えると、これは人口比で約０・０２％。1万人に2人程度の割合です。

一般に、先進医療というと何百万円もかかるイメージが強いかもしれませんが、調査期間内で最も患者数が多い「多焦点眼内レンズを用いた水晶体再建術」（９８７７件）は、平均で約50万円。2位の「前眼部三次元画像解析」（７７８８件）に至っては平均４０００円弱。さらに3位以下には10万円以下の負担ですんでいるものも多く、しかも3位以下はどの治療も調査期間内の実施件数は３５００件以下。ここまでくると、各治療を受ける確率は０・００３％程度になります。

もちろん、あなたが（先進医療が必要になる）その少数の割合に入らないとは、誰にも断言できませんし、医療保険自体を否定しているわけでもありません。高額療養費の自己負担上限額の支払いも、家庭によっては大きな負担になるので、この負担に備えるのもよいでしょう。ほかにも、医療費の負担の可能性を考えると不安で精神衛生上よくないという人は、加入することで気持ちを安定させておくというのも、ひとつの有益な使い方です。

しかし、前述のとおり日本の社会保障制度は充実しています。紹介した高額療養費の制度以外にも、支払った医療費に応じて毎年の所得税の負担が減る**医療費控除の制度**や、要件を満たすことで障害年金など継続的な給付がされる場合もあります。テレビコマーシャル等の情報のみで漠然と不安を感じるのではなく、本当に自分にとって必要かどうかを考えることが重要です。

人生で起きうる、すべての不測の事態に備えることなど不可能です。あなたが現在入っている医療保険は、本当にあなたにとって必要なものなのか、いちど契約内容を確認してみましょう。

あなたの家族を幸せにする、お金の残し方

◉お金の終活【資産を守る】（６）

家族にお金が必要なのは、いつなのか？

この章の最後は、家族へのお金の残し方についてです。家族へお金を渡す方法は、大きく分けてふたつあります。

ひとつは、**生前に贈与をして渡す方法**。もうひとつは、**あなたに相続が起きたときに渡す方法**です。

前述のとおり、贈与は税金が高くなりがちです。一般に、同じ金額を渡すのであれば、贈与税よりは相続税のほうが税額が低くなります。また、財産総額が相続税の基礎控除以

下であれば、相続ですべての財産を渡す場合には相続税はかかりませんが、その一部を生前に贈与をした場合には、贈与税は免れません。

もちろん、前述のとおり、税金のことだけを考えた場合にも、ある程度生前に贈与をすることで相続税が抑えられます。この視点から、トータルで払う税金を減らすためには、どれだけの額を生前贈与すればよいのか、検討することも重要です。

しかし、もうひとつ検討すべき視点があります。それは、渡す相手にとって、お金が必要なタイミングです。

現在、日本人の寿命はとても長くなっています。厚生労働省から公表されているデータによれば、平成27年における日本の平均寿命は、男性80・79歳、女性87・05歳です。相続で財産を渡すということは、この時点で渡すということ。

さて、考えてみてください。そのとき、あなたが相続で財産を渡す相手は、何歳なのでしょうか。

家族のあり方が多様化しているため一概にはいえませんが、仮にこのとき子供が55歳前後だとすれば、一般に子育ても、住宅ローンの支払いも、終わりが見えるころです。この時期に、相続でお金を譲り受けることになります。残すは老後の生活に使うのみ、税金を払って財産を受け継いでも、また次の相続のための対策を、子供世代自身が考えていかなければなりません。

であれば、例えば人生のなかで特にお金が必要な時期に財産を引き継いでもらったほうが、有意義ではないでしょうか。

メモ　現在は、若い世代にお金を使ってもらおうという趣旨から、子供世代への贈与については贈与税の負担を減らす特例もいくつか整備されています。このような特例を使えば、多額の贈与税を支払うことなく、必要な時期にお金を渡すことも可能です。特例の詳細は211ページ以降で解説します。

一般に人生の３大支出は、「**子供の教育費用**」と「**住宅購入費用**」、そして「**老後費用**」といわれています。順に少し詳しくみてみましょう。

まず、教育資金についてです。文部科学省が公表している「平成26年の学校種別学習費総額の推移」によれば、小学校から高校まですべて私立であれば、教育費としてかかる費用はトータルで約１６２０万。すべて公立に通ったとしても４６０万円ほどかかります（これは小学校から高校までの12年間にかかる費用であるため、幼稚園・保育園に預ける費用や、大学・専門学校へ通う費用は、これとは別でかかります）。

統計局のデータによれば、出生時の女性の年齢は30～34歳が最多です。このあたりから約20年間、家計での教育費負担が必要になるとイメージするとよいでしょう。

同じくお金がかかるできごとといえば、住宅の購入です。国土交通省が公表している住宅市場動向調査によれば、住宅購入時の世帯主の年齢は、30代が最多です。ここからおおむね50歳までの間は、教育資金と住宅ローンをダブルで支払う世帯が多いということがわかります。つまり、この時期が家計にとって最も負担の大きな時期ということです。

そのため、子供世代へお金を渡すのであれば、すべてを相続が起きたときに渡すのではなく、子の年齢にして30歳から50歳という特に負担の大きな時期に渡すことで、より必要な時期にお金を有効活用できるのではないでしょうか。

生前贈与は、相続税対策のためだけに行なうものではありません。**本当に必要な時期にお金を使ってもらうために生前贈与を活用する**のも、お金の終活のひとつです。この点では、相続税がかからない人も、生前贈与は十分検討すべき事柄なのです。

相続でお金を残すときに知っておくべき現実

家族や大切な人に問題なくお金を残すための「お金の終活」——。

お金を渡す方法としては、生前に贈与で渡す方法と、相続が起きたときに渡す方法があるのは、前述のとおりです。贈与で渡すのであれば、自分の目の黒いうちに、自分の手でお金を渡すことが可能です。そのため、贈与の場合には税金以外に問題が起きることは少ないといえます。

一方、相続で渡す場合には、実際にお金を渡す時点で、あなた自身はこの世にいないということです。万が一、準備や配慮が不足していたり、方法が誤っていたりしていた場合には、もはや取り返しがつきません。あなたの準備不足などが原因で争いになったり、家族が困ってしまったりしたとしても、修正もできませんし、あなたが元気だったときに時間を戻すことも不可能です。

こういったことも踏まえて、相続でお金を残す際には、贈与よりも慎重に準備をする必要があることを知っておきましょう。次章では、お金を残す方法について、より詳細に解説していきます。

第4章

【確実に残す】

安心して使い、不安なくお金を「残す」方法

◉お金の終活【確実に残す】(1)

終活のお金の使いどころ、控えどころ

☞葬儀社は、自分の目でたくさん見ておこう

終活のなかで避けては通れないのが葬儀社の選定です。

葬儀社とひと口にいっても、その運営母体や質はさまざま。よく検討せずに選ぶと、後悔する可能性があります。

葬儀は一度きりのことであり、満足がいかなかったとしても、やり直すわけにはいきません。いざというとき焦ってしまい、選んだ結果が残念な形にならないように、葬儀社も元気なうちから自分の目で見て選定しておきましょう。

以前は、葬儀社は事前に選ぶものではなく、実際に相続が起きてはじめて決めることがほとんどでした。しかし、近年は生前相談や見学の敷居がかなり低くなり、終活に関するイベントや無料セミナーを開催している葬儀社が増えています。棺《ひつぎ》に入ってみる納棺《のうかん》体験ができるイベントや、なかには野菜のつかみ取りなど、葬儀と直接関係のないようなイベントを行なう葬儀社もあり、各社が趣向を凝らしているので、まずは家族や友人と訪れてみても楽しめるのではないでしょうか。

いくつか足を運び、実際に葬儀をする場所の様子を見せてもらったり、スタッフと話をしたりすることで葬儀の雰囲気も見えてくるはず。あらかじめ見積もりが取れるところも増えているので、実際に葬儀の希望を伝えたうえで、見積もりを取ってみてください。

相続が起きた直後、家族は気が動転しています。そのような状況下で焦って葬儀社を決めると、希望どおりの葬儀ができなかったり、想定よりも費用がかさんでしまったりなど、トラブルのもとになります。そうならないためにも、元気なうちに見積もりを取り、

- **料金プランに何が含まれているのか**
- **別料金がかかるものは何か**
- **トータルでいくらかかるのか**

こうしたことをしっかりと確認しておいてください。葬儀は人生一度きりの、大切なものです。希望の葬儀ができるかどうか、その際の費用はいくらかなどの質問に、丁寧に答えてくれる葬儀社を選びましょう。そのうえで、家族にも、あなたが葬儀をあげたいと決めた葬儀社と連絡先を伝えておいてください。せっかくあなたが葬儀社を決めていても、決めたことを家族に伝えていなければ意味がありません。

このような見学や準備には、通常、お金はかかりません。自分の目で見に行き、納得できる葬儀の準備をしておきましょう。

無理にお金をかけて対策をする必要はないが…

相続の対策や終活は、費用を多くかければよいというものではありません。前述の葬儀社の見学もお金はかかりませんし、また最近では終活に関する無料のセミナーや相談会も各地で開催されています。無駄にお金をかけて対策をするのではなく、情報を集めたうえで、自分にとって必要な対策や信頼できる専門家を見極めることが重要なのです。

例えば、相続税対策として多額のお金をかけたり借金をしたりしてアパートの建築をすることが、一概によいとはいえない旨は前述したとおりです。また、保険に関しても、漠然と不安だからといって必要以上に契約をした結果、生前のお金が足りなくなるようでは本末転倒です。さらに、終活のサポートを行なう専門家の報酬もさまざまです。終活は、配慮や想定が足りないと後に重大な問題を残します。そのため、費用の安さだけで専門家を選ぶことは、絶対に避けてください。

メモ　一方で、報酬が高額だからといって、よい専門家であるとも限りません。この見極めは非常に難しいのですが、初回の相談は無料である事務所も多いので、いくつかの事務所に相談をしてみてから、納得して決めることをお勧めします。

終活においては、お金がかかる対策が必ずしもあなたにとってよいとは限りません。あなた自身のことですので、しっかりと納得したうえで進めていってください。

遺言書や対策には、多少お金をかけよう

お金の終活をするなかで、遺言書の作成は避けては通れません。終活に使う遺言書には大きく分けて2種類あります。それは、公証役場でつくる**公正証書遺言**と、自分で書く**自筆証書遺言**です。

自筆証書遺言は、自分ひとりで作成できるため比較的気軽なうえ、費用もかからないの

ですが、ここはぜひ多少費用をかけて、公正証書遺言で作成してください。

なぜなら、自筆証書遺言は、少しでも書き方を誤ると、思いどおりに家族にお金が渡せなかったり、家族に問題を残したりする危険性が高いためです。

問題のない遺言書をつくるというのは、思った以上に難しいのです。急を要するのであればやむをえませんが、そうでないのであれば、問題を残しにくい公正証書遺言を作成しておきましょう。遺言書については223ページ以降で詳しく解説します。

では、公正証書遺言をつくるには、どれだけの費用がかかるのでしょうか。

一般に、公正証書遺言をつくるには、ふたつの費用がかかります。ひとつは、作成をサポートする**専門家報酬**、もうひとつは**公証役場に支払う手数料**です。

公証役場にかかる手数料は、全国どこの公証役場でも同じで、渡す相手の人数とそれぞれに渡す財産の額などにより、手数料が異なります。

メモ　具体例を挙げると、仮に「長男に3500万円、二男に2000万円相当の財産を相続させる」という内容の遺言書を書くのであれば、公証役場にかかる手数料は「6万3000円」になります。計算方法は、まず長男の3500万円は「(3000万円を超え）5000万円まで」に該当するので、左図表内の基準から「2万9000円」。

図表⑳■公正証書遺言の作成手数料

※公証人手数料令　平成五年六月二十五日政令第二百二十四号
（最終改正：平成二七年一月三〇日政令第三〇号）

❶財産の価額に対応する手数料の基準

（目的財産の価額）	（手数料の額）
～100万円まで	5,000円
～200万円まで	7,000円
～500万円まで	11,000円
～1,000万円まで	17,000円
～3,000万円まで	23,000円
～5,000万円まで	29,000円
～1億円まで	43,000円

※1億円を超える部分については以下の額がそれぞれ加算される。

1億円超～ 3億円まで	（5,000万円ごとに）	13,000円
3億円超～10億円まで	（5,000万円ごとに）	11,000円
10億円超～	（5,000万円ごとに）	8,000円

❷上記の基準を前提として、それに加え、具体的な手数料の算出には下記に留意する

①⑴財産の相続または遺贈を受ける人ごとに、それぞれの財産の価額を算出。
⑵上記基準表にあてはめて、それぞれの価額に対応する手数料額を求める。
⑶それぞれの手数料額を合算。当該遺言書全体の手数料を算出。

②全体の財産が1億円以下のときは、上記①の⑴～⑶までの手順によって算出された手数料額に1万1,000円が加算される（遺言加算）。

③遺言書は通常「原本」「正本」「謄本」各1部が作成され、原本は法律に基づき役場で保管し、正本と謄本は遺言者に交付される。原本の枚数が法務省令で定める枚数の計算方法により4枚（横書の証書の場合3枚）を超えるときは、超える1枚ごとに250円の手数料が加算。また、正本と謄本の交付にも1枚につき250円の割合の手数料が必要。

④遺言者が病気または高齢等のため公証役場に赴くことができず、公証人が病院や自宅・老人ホーム等に赴いて公正証書を作成する場合、上記①の⑴～⑶によって算出された手数料額に50％加算されるほか、公証人の日当および現地までの交通費がかかる。

※具体的な手数料算定の際、上記以外の点が問題となる場合もあるので、それぞれの公証役場で尋ねること。

※日本公証人連合会 HP（http://www.koshonin.gr.jp/yu.html）

二男に渡す2000万円は「(1000万円を超え)3000万円まで」に該当するため、「2万3000円」です。さらに、この例では目的財産の価額が1億円以下であるため、1万1000円が遺言加算として加算されます。これらを合計し、〈2万9000円+2万3000円+1万1000円〉で、6万3000円という計算です。このほかに、作成する枚数により1000円程度の手数料が加算されます。

なお、公証役場まで行くことが難しい場合には、公証人に出張してもらうことができます。出張してもらう場合、手数料が増額されます。

メモ

具体的には、出張してもらう場合には、公証人の日当と、現地までの交通費の負担が必要なほか、遺言加算を除いた部分の手数料が1・5倍となり、遺言する目的財産の価額が1億円以下である場合には、これに1万1000円の遺言加算が追加されることになります。

これが、公証役場に支払う手数料です。

次に、専門家報酬です。専門家の報酬は事務所によって異なり、また報酬の設定方法もさまざまです。一律料金のこともあれば、財産の内容や財産総額によって報酬が異なる場合もあります。価格の安さのみで選ばないほうがよいのは前述のとおりですが、一見安く見えたとしても、別途日当などの加算がある場合もあるので、しっかり確認して依頼するようにしてください。多くの事務所では、ホームページなどで料金の明示がありますが、依頼前の無料相談の際にもあらためてトータルの費用を確認しておくと安心です。

公正証書遺言の作成のほか、相続税が多額になると予想される場合の節税対策のコンサルティングにも、ある程度お金をかけたほうがよいと考えます。

メモ

最近は保険代理店や不動産会社なども相続コンサルティングを行なっています。しかし、あえて極論をいえば、前者は「保険を売る」のが目的で、後者は「不動産の売買」が目的です。もちろん、不要なものを無理に売るような悪徳な業者は少ないでしょうが、彼らもボランティアではありません。相談をする際には、このことを念頭におくようにしましょう。やはり、本当に必要な対策を知るためには、中立な立場の専門家に相談されることをお勧めします。

相続税対策のなかでも、**自社株がある場合には特に注意が必要**です。

実は、すべての税理士が相続税に詳しいわけではありません。税理士であるからといって必ずしも相続税を勉強しているとは限らず、また、相続税の申告が年に1件もないという事務所も珍しくないのです。

自社株の評価を知るための計算は、顧問税理士に頼めば安くやってくれるかもしれません。しかし、株価の計算は落とし穴も多く、ひとつ間違えるとケタさえずれることがあり、大変危険です。そのため、安易に顧問税理士に依頼することがよいとも限りません（顧問税理士が相続税に詳しくないのであれば、相続税対策に関してだけは、別の税理士に依頼することもご検討ください。その際、顧問税理士には、税理士を変えるつもりではなく、あくまで相続税対策のみの依頼である旨を、きちんと説明しておくとよいでしょう）。

これらの費用の出し惜しみをしてしまうと、対策が不十分であったり、見当違いな対策をしてしまうことにもなりかねません。家族にお金を残せず問題を残すようでは、本末転倒です。実際に相続が起きてから問題が起きたり、もめごとになったりした場合には、ここで節約するお金より、その解決にかかるお金のほうがよっぽど多額になります。

お金の終活をする際には、遺言書の作成と相続税対策のコンサルティングには必要なお金をかけておきましょう。それが、家族に問題なくお金を残す、お金の終活の近道なのです。

◉お金の終活【確実に残す】(2)

家族にお金を残す3つの方法

お金を渡す3つの方法とメリット・デメリット

お金を家族へ渡す方法には、「**生前に贈与で渡す方法**」と「相続が起きたときに渡す方法」のふたつがあることは前述のとおりです。ここでは「相続が起きたときに渡す方法」を、さらに「**遺言のある相続**」と「**遺言なき相続**」のふたつに分けて、それぞれのメリット・デメリットを整理しておきます。図表㉑にまとめたので参照してください。

まず、**財産の移転時期**です。生前に渡すことができるのは、「生前贈与」のみ。遺言の有無にかかわらず、相続の場合は、相続が起きたときに財産が移転することになります。

前にも記したとおり、もらう側がお金が必要な時期に財産を渡すことができるのは、生前贈与だけということです。

図表㉑■お金を家族へ渡す3つの方法

	生前贈与	遺言のある相続	遺言なき相続
財産の移転時期	生前	相続時	相続時
かかる税金	原則贈与税	相続税	相続税
不動産移転時の登録免許税	1000分の20	遺贈：1000分の20 相続：1000分の4	1000分の4
相続人以外に財産を渡すこと	○	○	×
確実性	○	△	×

次に、**かかる税金**です。

相続は相続税で、生前贈与は原則として贈与税で計算をします。「原則として」というのは、贈与のなかでも、相続発生前3年以内に行なった一定の贈与や、相続時精算課税制度を選択した場合の贈与は、相続税で計算をするためです（相続時精算課税制度については後述。一般に、相続税は基礎控除額が大きいため、贈与税のほうが税金は高くなります）。

そして、**登録免許税**です。

登録免許税とは、不動産の名義を変えるときにかかる税金で、該当の不動産の価格に応じてその額が決まります（遺言がふたつに分かれていますが、ここでは「遺贈」が相続人以外へ財産を渡すこと、「相続」とは相続人へ財産を渡すこと、と考えてください）。

登録免許税は、相続人以外に対して渡すのであれば、贈与であっても遺贈であっても同じである一方、相続人になる予定の相手に渡すのであれば、相続で渡したほうが安くなる、ということです。

とはいえ、全体のバランスから見れば、あまり重視すべきポイントではありませんので、ここは参考程度でとらえておけばよいでしょう。

渡したい相手に確実に渡すなら

このような制度面よりも大切なのが、ここからの部分です。

まず、**遺言のない相続では、相続人以外に財産を渡すことは原則として不可能**です。相続人以外に財産を渡したいのであれば、生前に贈与で渡すか、遺言書を作成することが必要です。前述のとおり、口頭のみでは実現できませんので注意してください。

最後に、「渡したい相手に問題なく財産を渡せるか」という**確実性**ですが、これはやはり、生前贈与が最も確実な方法といえます。遺言書であっても公正証書遺言であればほぼ確実なのですが、遺留分の問題が残るため「△」としました。

メモ　なお、生前贈与であっても、相続開始前1年以内に行なったものや、遺留分権利者に損害を加えることを知って贈与を行なったものは、遺留分算定の対象になるとされています。持っている財産の大半を生前贈与するような場合には、注意しましょう。

一方で、遺言なき相続の場合には、どのような遺産分割がなされるかわからず、また争族になる可能性、手続き上の時間がかかる可能性など、さまざまなリスクを残します。

本書を手に取っていただいている方のなかには少数だと思いますが、「自分が死んだ後のことなど知らない」「家族が何とかするだろう」という考えでは、財産を残された側が困ってしまいます。

これらを踏まえ、お金の終活にあたっては、「生前贈与」または「遺言」で財産を渡すことを基本と考えておきましょう。

◉お金の終活【確実に残す】（３）

プロが教える、生前贈与の活用法

知らないと損する贈与の特例

お金の終活では、自然の成り行きに任せるのではなく、生前贈与または遺言書で財産の行先を決めるべきである旨は前述のとおりです。とはいえ、贈与は一般に、相続が起きた際に財産を渡すよりも税金が高くなりがちですので、ここで躊躇《ちゅうちょ》する人も多いでしょう。

しかし、贈与税には年間１１０万円という基礎控除のほか、税金が安くなるさまざまな特例が存在します。ここでは、生前贈与に役立つ特例をいくつか紹介します。家族がお金が必要な時期に財産を渡すことができる生前贈与。贈与税の特例を知り、上手に活用しましょう。

なお、これらの特例を使うには贈与税の申告など一定の手続きをすることが必要です。

また、特例を使うための要件が細かく決められており、その判断を誤ると多額の贈与税がかかる可能性があり、取り返しのつかない事態になりかねません。実際に制度を使う際には、必ず税理士に相談のうえ利用するようにしてください。

❶直系尊属から「住宅取得等資金」の贈与を受けた場合の非課税

【概要】直系尊属から贈与を受けたお金で、自分が住むための住宅を新築、取得もしくは増改築した場合に、贈与を受けたお金のうち一定額にかかる贈与税が非課税になる制度です（なお、「直系尊属」とは父母や祖父母など、直系の親族のうち自分より上の世代の人を指します。そのため、兄弟からの贈与や配偶者の親からの贈与には本制度の適用はありません）。

【適用期間】平成27年1月1日から平成31年6月30日まで

【主な要件】

①贈与をした人が父母や祖父母などの直系尊属であること

②贈与を受けたお金で翌年3月15日までに住宅を新築、取得または増改築をすること

③その住宅に、贈与を受けた翌年3月15日までに実際に自分が居住すること、またはその後遅滞なく居住することが確実であると見込まれること

④贈与を受けた人が、原則として、日本国内に住所を有すること
⑤贈与を受けた人が、贈与を受けた年の1月1日において20歳以上であること
⑥贈与を受けた人の、贈与を受けた年の合計所得金額が２０００万円以下であること
⑦取得する住宅が、床面積50平方メートル以上２４０平方メートル以下など一定の要件を満たすこと
⑧贈与を受けた年の翌年2月1日から3月15日までの間に、この特例の適用を受ける旨を記載した贈与税の申告書を提出すること

【非課税限度額】贈与を受けた年と、取得した住宅が一定の「良質な住宅用家屋」に該当するか否かにより、非課税限度額が異なります（次ページ参照＝国税庁ＨＰより）。

【その他注意点】以前も「直系尊属から住宅取得等資金の贈与を受けた場合の非課税の特例」という似た制度がありましたが、本制度はこれとは別に、平成27年に新しくできた制度です。要件が一部変わっているので、混同しないように注意しましょう。また、制度を利用して取得等する住宅の要件が細かく定められています。制度の利用を検討する際には、実際に贈与をしたり住宅の取得等をしたりする前に、必ず税理士に

イ 下記ロ以外の場合（以下、「住宅資金非課税限度額」といいます。）

住宅用家屋の取得等に係る契約の締結期間	良質な住宅用家屋	左記以外の住宅用家屋
～平成27年12月	1,500万円	1,000万円
平成28年 1月～平成29年9月	1,200万円	700万円
平成29年10月～平成30年9月	1,000万円	500万円
平成30年10月～平成31年6月	800万円	300万円

ロ 住宅用家屋の取得等に係る対価の額または費用の額に含まれる消費税等の税率が10%である場合

住宅用家屋の取得等に係る契約の締結期間	良質な住宅用家屋	左記以外の住宅用家屋
平成28年10月～平成29年9月	3,000万円	2,500万円
平成29年10月～平成30年9月	1,500万円	1,000万円
平成30年10月～平成31年6月	1,200万円	700万円

※過去にこの特例を受けた場合には、特例により過去に非課税となった金額を控除した金額が、非課税限度額となります。

※平成21年分から平成26年分において、「直系尊属から住宅取得等資金の贈与を受けた場合の非課税の特例」の適用を受けている場合には、平成27年分以降の贈与でこの非課税の特例の適用を受けることはできません。

※「良質な住宅用家屋」とは、一定の省エネ基準や耐震基準、バリアフリー基準を満たすこと等が一定の書類により証明されたものをいいます。

制度適用の可否を確認してください。贈与をしてしまったにもかかわらず要件に該当しないとなれば、思いもよらぬ多額の税金がかかることになります。慎重に進めるようにしましょう。

❷直系尊属から「教育資金」の一括贈与を受けた場合の非課税

【概要】父母や祖父母などの直系尊属から、学費等の教育資金の贈与（信託受益権の取得等）を受けた場合に、一定の金額までの贈与税が非課税になる制度です。金融機関に本制度のための口座を開設して、そこに子や孫に教育資金として使ってほしいお金を預けます。その預けたお金を子や孫が教育資金に使い、領収書等、実際に教育資金に使った旨の証拠を金融機関に提出することで非課税になる、というイメージです。

【適用期間】平成25年4月1日から平成31年3月31日まで

【主な要件】

①贈与を受けた人が30歳未満であること

②贈与をした人が受贈者の直系尊属（父母、祖父母、曾祖父母等）であること

③信託会社や銀行等の金融機関で、信託契約の締結など一定の手続きを行なうこと

④贈与を受けたお金を、学校に支払う学費や学習塾の費用など、一定の教育資金のために使用すること

【非課税限度額】１５００万円（学校等に直接支払われる一定のもの以外は５００万円限度）

【その他注意点】学校に直接支払う学費以外に、学習塾や水泳教室などの費用も教育資金と認められ、幅広い活用が期待できます。領収書を金融機関に提出する手間はかかりますが、お金のかかる時期に贈与税の負担なく財産を渡すことができる点は、大きなメリットです。制度を活用して、次世代への資金移動を検討しましょう。なお、贈与を受けた人が30歳に達した時点で、この制度のために金融機関に預けたお金が残っていた場合には、その残った金額に対して贈与税が課税されます。

❸直系尊属から「結婚・子育て資金」の一括贈与を受けた場合の非課税

【概要】父母や祖父母などの直系尊属から、結婚や子育てに使う目的の贈与（信託受益権の取得等）を受けた場合に、一定の金額までの贈与税が非課税になる制度です。金融機関に本制度のための口座を開設し、そこに子や孫に結婚や子育て資金として使ってほ

しいお金を預けます。その預けたお金を子や孫が結婚や子育てのために使い、領収書等、実際に結婚や子育て費用として使った旨の証拠を金融機関に見せることで非課税になる、というイメージです。

【適用期間】平成27年4月1日から平成31年3月31日まで

【主な要件】

①贈与を受けた人が20歳以上50歳未満であること
②贈与をした人が受贈者の直系尊属（父母、祖父母、曾祖父母等）であること
③信託会社や銀行等の金融機関で、信託契約の締結など一定の手続きを行なうこと
④贈与を受けたお金を、挙式費用など結婚にかかる費用や、不妊治療や保育料など妊娠、出産、育児にかかる費用として使用すること

【非課税限度額】１０００万円（結婚のための費用は３００万円限度）

【その他注意点】贈与を受けた人が50歳に達した時点でこの制度のため金融機関に預けたお金が残っていた場合、その残額に対して贈与税が課税されます。また、契約満了前に、贈与をした人が死亡した場合、死亡時点での残金が相続税の対象となります。

❹ 相続時精算課税制度

【概要およびメリット・デメリット】

贈与税の計算ルールを変える制度です。

通常、贈与がなされると、贈与を受けた人がその年中に贈与を受けた金額の合計額から110万円を控除した残額に対して、累進課税で贈与税がかかります（累進課税とは、贈与を受けた金額が大きければ大きいほど、税率が高くなる仕組みです）。

この相続時精算課税制度を選択すると、選択した贈与者からの贈与については、年間110万円の非課税枠は使えなくなります。その代わり、累計2500万円までは贈与税が非課税となり、2500万円を超えた分には一律20％の贈与税がかかります。非課税枠の2500万円は、年をまたいでの使用も可能です。

本制度は、**贈与税が非課税になる**というメリットだけではありません。相続時精算課税制度は単純な非課税制度ではなく、その名のとおり、相続時に「精算」して「課税」する制度です。

メモ

仮に、相続時精算課税制度を選択し、数年にわたって計3000万円の贈与を受けた場合、そのうち2500万円の部分には贈与税はかかりません。2500万円を超えた500万円に対しては20％の贈与税（500万円×20％＝100万円）がかかります。ところが、相続が起きたときにその3000万円はすべて持ち戻し、相続税の計算に組み込まれることになるのです。そのうえで、支払う相続税の額から、贈与税として支払った100万円が控除されます。相続時精算課税制度における一律20％の贈与税は、相続税の仮払いだと考えてください。

本制度活用のメリットとして、考えられるものは2点あります。

ひとつは、**今後値上がりしそうな財産を贈与する場合**です。相続時に持ち戻される金額は、相続時の価格ではなく、贈与時の価格です。例えば贈与時点で1000万円の株式が相続時に3000万円に値上がりしていたとしても、1000万円として相続税の計算ができるのです。

もうひとつは、贈与税ではなく**相続税の計算で生前贈与ができる**という点です。

一般的に同じ金額の財産を渡すのであれば、相続税と比べて贈与税は高額になります。そのため、いくら生前に財産を渡したい事情があったとしても、贈与を踏みとどまりがちです。そこでこの制度を使えば、財産は生前に渡すことができ、税金は相続税で精算することになるので、生前の財産移転がしやすくなります。

一方のデメリットとしても2点考えられます。

ひとつは、贈与後に財産が値下がりしたとしても、相続税の計算上、**持ち戻される金額は贈与時点の価額**である点です。前述のとおり、値上がりした場合にはメリットになりますが、一方で値下がりした場合にはデメリットになることも知っておいてください。

メモ　そもそも、「確実に値上がりする」財産などほとんど存在しません。贈与時に値上がりしそうか、値下がりしそうか、想定を誤ると損をすることになりかねませんので、慎重な判断が必要です。

もうひとつは、相続時精算課税を選択すると、もう二度と年110万円の非課税枠のある**通常の贈与制度には戻せない**という点です。この110万円は単純な非課税で、相続時に精算されるものではない一方で、前述のとおり相続時精算課税制度の2500万円は、相続時に持ち戻されます。110万円×年数と2500万円を単純に比較するのではなく、そもそもの制度の性質を知ったうえで活用しましょう（なお、本制度は贈与者ごとに選択します。例えば、父からの贈与は相続時精算課税制度を選択し、母からの贈与は通常の暦年贈与のままということも可能ということです）。

【主な要件】

①**贈与をした人**が、贈与をした年の１月１日において**60歳以上の父母または祖父母**であること

②**贈与を受けた人**が、贈与を受けた年の１月１日において**20歳以上**であり、贈与をした人の**推定相続人または孫**であること

③贈与を受けた年の翌年２月１日から３月15日まで（贈与税の申告書の提出期間）に納税地の所轄税務署長に対して「相続時精算課税選択届出書」等**一定の書類を提出**すること

【税額の計算】

贈与税は複数年にわたり合計２５００万円までは非課税、２５００万円を超えた部分は一律20％で課税されます。その後、贈与をした人の相続が起きた際に、相続税の対象として全額が持ち戻され、仮払いした贈与税は相続税から控除されます。

【その他注意点】

「概要およびメリット・デメリット」欄にも記したとおり、単純な非課税制度ではなく、相続時点での精算が前提となる制度です。また、ひとたび本制度を選択すると、以後、年110万円の非課税枠のある暦年贈与に戻すことはできません。税理士に相談のうえ、慎重な判断をするようにしましょう。

以上、4つの贈与税の特例を紹介しました。特例を使用せずに生前贈与を行なうと、贈与税が高額になりがちです。計画的な相続税対策のため、そして必要な時期にお金を渡すため、このような特例を知っておきましょう。そのうえで、具体的な適用の可否や要件を満たすかどうかなど、税理士に相談のうえ活用してください。

◉お金の終活【確実に残す】(4)

プロが教える、遺言書の活用法

他人事ではない！　遺言必要度チェックリスト

ここからは遺言書の活用方法と注意点についてお伝えしていきます。繰り返し述べているように、遺言書の作成は、決して一部のお金持ちだけのものではありません。財産の多寡にかかわらず、問題なくお金を残すためには、すべての人にとって必要なものです。

私は、相続が起きた後の手続きのサポートをするなかで、「きちんとした遺言書があれば、こんなふうにご家族がお困りになることはなかったのに……」という事例を数多く見てきました。実際に相続が起きてしまってから後悔するのは、残された人、あなたの家族です。遺言書一枚で、あなたの家族が救われる可能性があることを、もういちど肝に銘じておいてください。

メモ　遺言書は「遺書」と字面が似ているため混同されることもあるのですが、遺書が亡くなるまぎわの人が書くものであるのに対して、遺言書は具体的な財産の分け方を示す法律書類です。自殺などネガティブなイメージのある遺書とは異なり、遺言書は決して縁起の悪いものではありません。遺言書は、財産の行き先をあらかじめ決め、今後引き続き安心して生きていくために作成する書類です。

後世に問題なくお金を渡すため、ぜひ遺言書を書いておいてください。

なかでも特に遺言書を書いておくべき人は、左のチェックリストのとおりです。ひとつでもあてはまった人は、先延ばしにすることなく、すぐにでも公正証書遺言を作成する準備をはじめましょう。

なお、便宜上3つに分類していますが、2つ以上にあてはまるケースもあります。

❶〈争族になる可能性が高い〉ケース

- □ 相続人のなかに、あなたやほかの相続人との関係が良好でない人がいる
- □ 財産の大半が自宅不動産や自社株など分けられないものである
- □ 子供がいない
- □ 相続人のなかに、しばらく連絡を取っていない人がいる

□ 再婚である

□ 非嫡出子（婚外子）がいる

❷〈遺言書がなければ想いを実現できない〉ケース

□ 相続人がいない

□ 内縁の妻など、相続人以外で財産を渡したい相手がいる

□ 相続人のなかに「あまり財産を渡したくない」相手がいる

□ 相続人のなかに「ほかの相続人より多く財産を渡したい」相手がいる

□ 「寄附をしたい」と考えている

□ 「自宅不動産は長男へ」など確実に渡したい相手がいる財産がある

□ 会社を経営していて、その会社の株式を保有している

□ 生前に行なった相続税シミュレーションに基づいて相続させたい

❸〈手続きが煩雑になったり、時間がかかったりしがちな〉ケース

□ 相続人のなかに未成年者がいる

□ 相続人のなかに行方不明の人がいる
□ 相続人のなかに認知症の人がいる
□ 相続人のなかに海外等遠方に住んでいる人がいる

いかがでしょうか。繰り返しますが、ひとつでもあてはまる場合には、必ず公正証書遺言を作成しておきましょう。お金を残す過程で、家族をトラブルから守ることができるのは、あなたしかいないのです。

意外と知らない！実は危険な自筆証書遺言

本書では一貫して、遺言書は自筆証書遺言ではなく公正証書遺言で作成するようお伝えしてきました。

では、なぜ公正証書で作成するべきなのか。公正証書遺言と自筆証書遺言の主な違いをまとめると以下のようになります。

まず大きな違いは、**費用面**です。自筆証書遺言は自分ひとりで作成するため、費用はかかりません。紙とペンさえあれば作成できてしまいます。一方、公正証書遺言は、費用が

図表㉒■公正証書遺言と自筆証書遺言、それぞれのメリット・デメリット

	公正証書遺言		自筆証書遺言	
	必要	作成時の費用	不要	手軽
	文案検討➡公証役場において証人2名の立合いで最終作成	作成方法	自分ひとりで作成可能	手軽
安心	非常に低い	無効になる危険性	比較的高い	
安心	なし	紛失・隠匿の危険性	あり	
安心	不要	検認の要否	必要	
安心	比較的スムーズ	相続手続き	時間がかかりがち	

かかります（具体的な金額については203ページに記載しましたので、ご参照ください）。

次に、**作成方法**です。公正証書遺言は、まず文案を作成し、その内容で問題がないかどうか公証役場とやり取りします。そのうえで問題がなければ、公証役場へ行き、ここで作成が完了します。

メモ　公正証書遺言には証人が2名必要ですが、未成年者や、あなたの作成する遺言書で「財産を渡す予定の相手」「推定相続人」などは証人になれません。証人になる人がいない場合には、作成サポートを行なう専門家や公証役場が紹介してくれるので、相談してみましょう。

一方、自筆証書遺言は自分が書きたい内容を記載するだけなので、手軽といえます。

なお、自筆証書遺言のメリットは、この「費用面」と「手軽さ」の2点のみです。ここから、なぜお金をかけてまで公正証書遺言で作成すべきかについて解説します。

自筆証書遺言の大きなデメリットのひとつは、**無効になる危険性が高いこと**です。

自筆証書遺言は、①**全文を自書**すること、②**押印**をすること、③**日付と氏名を記載**することなど、要件が定められています。押印を欠いた遺言書や、日付が明確でなく「吉日」と書いた遺言書は、そもそも遺言書としての要件を満たさないということです。

また、たとえこれらの要件を満たしていたとしても、手続き上問題が残る記載がある場合がほとんどです。私自身、「まったく問題がない自筆証書遺言」は、残念ながらほとんど見たことがありません。まず、多くの自筆証書遺言で**遺言執行者の指定**が漏れています。

メモ　ほかには、自宅の不動産を地番や家屋番号などできちんと特定していなかったり、土地も遺言者名義であるにもかかわらず「家を長男に相続させる」と記載していたり、渡す相手の氏名が誤っていることもありますし、遺言書のなかの書き損じの訂正方法が誤っていて、訂正と認められないケースもあります。

とにもかくにも、「最低限、遺言書を認められるかどうか」のハードルを越えられたとしても、次には「実際に手続きに使えるかどうか」というハードルも存在します。

一方で、公正証書遺言は公証人のチェックが入りますので、無効になる危険性はほとんどありません。この大きな違いを、まずは知っておきましょう。

次に、**紛失や隠匿の危険性**です。自筆証書遺言は、その記載した用紙自体が原本なので、紛失の危険が避けられません。また、遺言書を見つけた人がその遺言書の内容が気に入らないからといって、遺言書を隠したり、捨ててしまったりする危険性もあります。

遺言書を隠したり捨てたり、偽造した人は、相続人から除外する、という規定はありますが、この規定で１００％抑止できるとも限りません。自筆証書遺言は、紛失や隠匿の危険性が付きまとうことを知っておきましょう。

一方で、公正証書遺言は、紛失や隠匿の危険性はありません。なぜかというと、公証役場に遺言書の原本が保管されており、**再発行が可能**であるためです。

例えば住民票は、市町村役場で取得することができますが、その取得した住民票を失くしたり捨てたりしても、また市町村役場で発行してもらえます。これと同じようなイメージです。

メモ　公正証書遺言は、遺言者の死亡後、その遺言者が公正証書遺言を残していたかどうかを検索することが可能であるため、相続発生後に遺言書が見つけてもらえないリスクも防ぐ（減らす）ことができます。この検索は全国どこの公証役場からでも可能です。

次に、**検認の要否**です。検認とは、遺言者の死亡後に行なう遺言書の開封式のようなものだと考えてください。検認は、その遺言書の存在と内容を確認し、以後の変造を防ぐために必要な手続きで、家庭裁判所で行ないます。

自筆証書遺言であれば必ず検認の手続きをする必要があり、検認を経ていない自筆証書遺言は、名義変更などの手続きに使うことはできません。

一方、公正証書遺言は、検認は不要です。

メモ

検認は、行なうまでに期間を要します。相続開始後、遺言書を見つけたら、まず検認の申し立てのために**必要書類を準備**します。申し立てには遺言者の出生から死亡までのすべての戸籍謄本や除籍謄本などが必要ですが、まずはこれを集めるために**最短でも1か月**ほど要します（転籍が多い場合や相続人が兄弟姉妹である場合は必要書類が増えるため、2か月以上かかることも）。書類がすべて集まったら**家庭裁判所に申し立て**をします。申し立て後、家庭裁判所から相続人全員に対して**検認期日の通知**がされます。検認期日の通知とは、検認への招待状のようなものです。

このような手続きを挟むため、申し立てから実際の検認の期日まで1～2か月程度の期間を要します（この期間は、裁判所の混み具合や申し立て書類の不備の有無により異なります）。その後ようやく検認が完了。もちろん、検認が終わるまでは、故人の財産の名義変更や解約はできません。相続が起きてから検認が完了する2～4か月の間、遺言者の銀行口座からお金を引き出すことはできないということです。

また、検認にはすべての相続人が参加権利を持ち、家庭裁判所から連絡がいきます。例えば、遺言書のなかで一切名前が出てこない人であっても、相続人である以上は参加できるということです。その遺言書の内容が気に入らない相続人が、「そのときすでに遺言者は認知症だったので、遺言書は無効だ」とか、「その字は遺言者の字ではない」などと主張し、有効性に疑義が生じた場合、検認の場は遺言書の有効・無効を争う場ではありませんから、別途そのための争いを行なうことになります。ここから先、かかる期間は未知数です。

一方、公正証書遺言であれば、万が一このような疑いを持たれたとしても、公証人の前で本人が作成しているわけですから、「認知症だった」「他人が勝手に作成した」といった主張は通りません。自筆証書遺言は検認が必要であるため、公正証書遺言よりも手続きのスタートが遅れること、そして無用なトラブルのもとにもなりうることを知っておきましょう。

最後に、**相続手続き**についてです。結論をいえば、公正証書遺言のほうが**圧倒的に手続きがスムーズ**です。法律上、内容がまったく同じであれば、公正証書遺言と検認を経た自筆証書遺言の効果は同じはずです。

しかし、多くの金融機関には、法律とは別に独自ルールが存在します。実はこのルールのなかで、「自筆証書遺言で手続きするには、原則として、受取人のみではなく相続人全員の同意が必要」としている金融機関も少なくないのです。そうなると、遺言書の内容に納得しない相続人が手続きに協力をしない場合もあり、何のために遺言書を書いたのかわからない事態になってしまいます。

また、このようなルールがなかったとしても、自筆証書遺言は前述のとおり、あいまいな記載や、判断に迷う記載が多く見られます。そうなると、その遺言書に基づいて預金を払い戻してよいのか結論を出すのに時間を要します。いずれにしても、公正証書遺言のほうが手続きがスムーズなのです。

このように、公正証書遺言と自筆証書遺言にはいくつか相違点が存在します。自筆証書遺言は作成時の費用と手間が少なくてすむ一方で、残される家族の立場で考えれば、問題ばかりなのです。「お金がかからないから」「そこまでの手間はかけたくないから」と安易に自筆証書遺言を選択しないようにしましょう。自筆証書遺言書を手軽に作成できるキットのようなものもありますが、はっきりいって遺言書の作成はそう簡単なものではありません。中途半端な遺言書の存在が、家族を困らせてしまうこともあるのです。

公正証書遺言を作成すること。これが、家族に問題なくお金を残す、お金の終活の絶対条件なのです。

遺言で「できる」こと、「できない」こと

ここまで公正証書遺言の必要性について伝えてきました。ここではあらためて、遺言書で「できること」と「できないこと」を整理します（次ページ参照）。

遺言書は自分の財産を渡す相手を決めるだけではありません。ほかにも、いくつか定められることがあります。使用ケースが多いものとしては、**祭祀承継者の指定**があります。今後、先祖の供養等を執り行なう人を指定するための規定です。また、「認知」も遺言書で行なうことが可能です。

メモ　次ページの「できること」のうち、**生命保険の受取人の変更**は、比較的新しい規定です。平成22年の保険法の改正により、保険契約の変更を行なわずとも、遺言書の記載で受取人の変更ができることとなりました。ただし、保険契約の時期や約款の内容によっては遺言書の記載のみでは変更が認められない場合もあります。この規定を入れて遺言書を作成する際には、必ず事前に保険会社に確認するようにしましょう。

一方で、**遺言書ではできない行為**もあります。

代表的なものは、**結婚**や**離婚**、**養子縁組**や**離縁**といった身分に関する行為です。これら

遺言書で「できる」こと

○ 相続分の指定、指定の委託
○ 遺産分割方法の指定、指定の委託
○ 財産の遺贈、寄附
○ 特別受益の持ち戻しの免除
○ 最長5年の遺産分割の禁止
○ 共同相続人間の担保責任の指定
○ 遺言執行者の指定、指定の委託
○ 遺留分減殺方法の指定
○ 財産の処分
○ 財団法人設立のための寄附行為
○ 財産の信託
○ 相続人の廃除、廃除の取り消し
○ 認知
○ 未成年後見人の指定、後見監督人の指定
○ 祭祀承継者の指定
○ 生命保険の受取人の変更

遺言書では「できない」こと

× 結婚、離婚
× 養子縁組、離縁
× 遺体解剖や臓器移植に関すること
× ペットを受取人にする遺贈
×「不動産は自分の死後は妻へ、その後、妻が死亡したら長男へ」というような、跡継ぎ遺贈
× 公序良俗に反すること
× 遺留分を放棄させること
× 借金の分割

は、お互いの合意があってはじめて成立する行為なので、遺言書で一方的に記載をしても効力は生じません。これらの行為は、相手方とよく話し合ったうえ、生前に行なうようにしましょう。

遺体解剖や臓器移植に関する事項は、家族の同意が必要なため、遺言書への記載のみでは法的効力は生じません。家族への自分の意思を伝えるという意味では有用ですが、死亡直後では家族が遺言書の内容を知らない可能性もあります。希望の場合には、遺言書への記載ではなく、あらかじめ家族に伝えておくようにしましょう。

ペットへの遺贈も、現在の日本の法律ではできません。財産を所有できるのは、人のみとされているためです。

メモ　「自分の死後、ペットの世話が心配」ということであれば、「**負担付き遺贈**」**を活用**しましょう。具体的には、ペットの世話をしてほしい相手にペットとあわせて預貯金を遺贈する旨の遺言書を書き、預貯金を渡す条件として、ペットの世話をすることと規定することです。ただし、遺贈は拒否をすることも可能なため、不安が残ります。強制はできませんが、遺言書とあわせて生前に、いずれ世話をお願いしたい相手に承諾を得ておくことで確実性が高まります。また、近年では**信託を活用する方法**も注目されています。

「不動産は自分の死後は妻へ、その後、妻が死亡したら長男へ」というような遺言書も、法的効力はありません。自分の財産を妻へ渡すまではよいのですが、その後、妻のものとなった不動産を誰に渡すかは、妻の自由であるためです。このような希望があれば、自分の遺言書の作成と同時に、妻にも遺言書を書いてもらいましょう。ただし、妻がその後、遺言書を書き直さないことまでは強制できません。

公序良俗に反する遺言書も無効となります。

例えば、殺人を条件に財産を遺贈する、等は明らかな公序良俗違反で無効です。また、不倫相手への遺贈も、配偶者との関係や不倫相手の生活状況、その遺贈の割合によっては公序良俗に反し無効とされた判例も存在します。

そして、**遺言書で遺留分を放棄させること**はできません。遺言書での遺留分の剥奪《はくだつ》を認めてしまえば、そもそも遺留分制度が意味をなさなくなるためです。

最後に、遺言書では、**債務の分割**もできません。債務は相続発生と同時に法定相続分で承継され、遺言書で負担させる相手を決めることもできませんし、遺産分割で負担する人を決めることもできないのです。これは、例えば長男に財産をすべて相続させ、一方で財産を何も相続しない二男が債務の負担のみを負わされた場合、お金を貸している債権者が回収できなくなる可能性があるためです。

ただし、これは債権者に対しての規定です。例えば先の例で、債権者は長男に対しても二男に対しても、返済の請求をすることができます。このとき長男は、「債務を承継したのは二男なので、私は払いません」という主張はできません。しかし、長男が銀行に債務を支払った後で、二男に対して支払ったお金を請求することはできる、ということです。

このように、遺言書でできることと、できないことがあります。あなたのお金の終活で希望する内容が、遺言書で実現可能か迷う場合には専門家に相談しましょう。

なお、遺言書では困難であっても、信託制度の活用で実現できる内容もあります。

メモ

ただし信託制度は、まだ新しい制度です。信託契約の作成事例は増えていますが、実際に相続が起き、信託契約をもとに手続きをした事例が少ないため、落とし穴の想定が難しいのが現状です。信託を活用する際は、慎重に判断してください。

◉お金の終活【確実に残す】(5)

その遺言書、残念ながら「惜しい」です

〈ケーススタディ〉実在する「惜しい」遺言書

遺言書の必要性や公正証書遺言で作成すべき理由については、ご理解いただけたでしょうか。

ここでは、絶対につくらないでいただきたい「惜しい」遺言書をいくつか紹介します。

なお、ここで紹介する遺言書はすべて法的には有効なものです。そのため、公正証書で作成した遺言や、専門家のサポートのもとでつくった遺言書にも、このようなものは存在します。それぞれの遺言書で起こりうる問題点を知ったうえで、あなたが遺言書をつくる際の参考にしてください。

❶ 不動産や自社株など「一部の財産だけ」を記載した遺言書

自宅の土地建物やアパートなどの不動産、そして経営している会社の株式などは、特に重要な資産です。そのため、これらの資産についてのみ記載した遺言書を書くという考え方もあるでしょう。しかし、それでは非常に「惜しい」のです。

確かに、「自宅不動産を長男に相続させる」という内容で、その他の財産については記載のない遺言書であっても法的には有効です。また、相続発生後には、この遺言書をもとに自宅不動産を長男へ名義変更することもできます。

しかし、その他の資産はどうなるのでしょうか。例えば預貯金は、誰が相続するのか。自動的に、不動産を相続しなかった二男のものになるわけではありません。

たとえ預金が不動産に比べて少額だとしても、遺言書に記載がない以上、預金の解約にはすべての相続人の同意が必要なのです。

長男は、自宅不動産は売却するわけではないので、「預金は均等に分けたい」と考えるかもしれません。一方、二男は、長男は不動産を相続しているのだから、「預金は自分がすべて相続すべきだ」と主張する可能性もあります。そういう状況下に、遺言書のなかで長男のみに言及があれば、それを見た他の相続人は面白くないという感情もともないます。

このように、その他の財産の部分で争いに発展する可能性もあるのです。

せっかく遺言書を作成するのであれば、主要な財産のみならず、その他の財産についてもすべて行き先を決めておいてください。預貯金や有価証券は、「金融機関名、支店名、普通預金・定期預金等の種類、口座番号」などの記載で財産を特定したうえで、相続させる人を指定し、電話加入権や動産など細かい財産については「その他の財産はすべて長男Aに相続させる」などと記載して、漏れのないようにしておきましょう。

❷財産を具体的に指定せず、「割合のみ」を指定した遺言書

遺言書で、法定相続割合を変更することは法律上認められています。例えば、「妻、長男、二男」の3名が法定相続人であった場合、遺言書がなければ妻が2分の1、長男と二男が各4分の1という割合になります。これを、例えば各3分の1に変更するというような遺言書の作成も可能ということです。また、相続人ではない人に相続分を与えることもできます。先の例で、例えば「妻2分の1、長男と二男が各6分の1、妹に6分の1」というような指定も可能ということです。

しかし、このような記載はお勧めできません。財産をもらう割合を決めただけでは、具

体的にどの財産を誰が相続するのかが不明であるためです。割合のみを指定された遺言書があった場合、残された相続人は、「では、誰がどの財産をもらおうか」という話し合いをすることになります。割合のみを定めた遺言書では、各自が最大限主張できる割合が変わっただけで、なんら解決していません。むしろ、割合を減らされた相続人が話し合いに協力せず、なかなか手続きに入れない場合もあるのです。

遺言書を書く際はこのように割合を定めるのではなく、誰にどの財産を渡すのか、明確に規定しておきましょう。

❸ 不測の事態に備えていない遺言書

一般に、人生の終焉は世代順に訪れます。しかし、100%ではありません。あまり想像したくないかもしれませんが、親より先に子が死亡する場合もあるのです。

仮に「長男太郎にA銀行の預金を相続させる」という内容の遺言書を作成した後、自分よりも先に長男が死亡した場合、自動的に長男の子にA銀行の預金を受け取る権利が移るわけではありません。遺言書を書き換えない限り、A銀行の預金は宙に浮いた状態になります。その後あなたの相続が起きた場合には、長男の代襲相続人である子と、他の相続人がA銀行の預金を誰が相続するか、あらためて話し合うことになるのです。

このような不測の事態に備えた記載を「**予備遺言**」といいます。

「長男太郎にA銀行の預金を相続させる。」

という内容の記載と合わせて、

「遺言者より前に、または遺言者と同時に長男太郎が死亡していたときは、遺言者は、前条記載の財産を太郎の長女花子に相続させる。」

という記載を入れておくのです。このような記載をすることで、万が一の場合にも、遺言書を書き換える必要がなくなります。

なお、予備遺言を記載せず、万が一自分より先に子が死亡したら、そのときに遺言書を書き換えればよい、という考え方もあると思います。しかし、そのとき自分は存命であっても、認知症等で遺言書が書けない状態である可能性もあるのです。遺言書を作成する際は、さまざまな状況を想定して記載するようにしましょう。

❹ 遺留分への配慮のない遺言書

一部の相続人には、「遺留分」という最低限保証された取り分があります。この遺留分を無視した遺言書は、後に問題を残すことになります。

遺留分を侵害した遺言書がすべて駄目だということではありません。ただ、侵害した内容で遺言書を作成するのであれば、その後「自分の遺留分を侵害する部分を返して」と請求された場合まで想定して、作成すべきだということです。後の問題を想定せず、遺留分を侵害した遺言書を安易に作成することは、トラブルのもとです。遺留分については、253ページ以降で詳しく記載します。

❺ 残された家族へ想いが伝わらない遺言書

遺言書には「付言」といって、遺言者の想いを記載することもできます。遺言書には、

「どのような想いでこのような遺言書を書いたのか」

「家族に対してどのような想いを持っているのか」

「自分の死後、家族に期待することは何か」

など、あなたの想いをぜひ記載するようにしてください。付言には法的効力はありませんし、付言がないからといって無効になるわけではありません。しかし、付言の記載が家族の争いを防ぐためには最も重要なのです。なぜ遺言書に想いが必要なのか、その理由は、

第6章で詳しく解説しますが、付言のない、想いの伝わらない遺言書は、作成しないようにしましょう。

以上、「惜しい」遺言書の5パターンを紹介しました。惜しい遺言書は、トラブルのもとになりかねません。家族に問題なくお金を残すため、このような遺言書をは作成しないようにしましょう。

遺言書を書き換えるときのポイント

遺言書の必要性を知っていても、「まだ早い」という人が少なくありません。「自分はまだ元気で、今後、状況が変わるかもしれない。だから、まだ作成できない」というのです。

しかし、そういって先延ばしにしていては、いつまでたっても遺言書の作成はできないままです。もちろん、状況は日々変わる可能性があり、万が一、認知症などになってしまえば、その後、遺言書の作成はできなくなります。認知症になったり、相続が起きてしまってから、「もっと早く遺言書を書いておけば……」と後悔しても遅いのです。

遺言書は、**何度でも書き直しが可能**です。ひとたびつくったら直せないわけではありません。ですので、いつ訪れるかわからない「いつか」を待つのではなく、状況が変わったら書き直せばよいという気持ちで、まずは現状で作成してみてください。

メモ　ちなみに、矛盾する内容の遺言書は、**新しいものが古いものに優先**します。例えば、平成25年1月1日に書いた遺言書では「自宅不動産を二男に相続させる」という内容の記載があり、平成26年1月1日に書いた遺言書では「自宅不動産を長男に相続させる」という内容の記載があれば、自宅不動産は長男が相続する、ということです。

遺言書の書き換えには、いくつかポイントがあります。

まず、書き直すのであれば、**全体を書き直す**ことです。法律上は一部分のみの撤回でもよいのですが、古い遺言書のどの部分が撤回され、どの部分がいまも有効なのかがわかりづらくなります。書き換えるのであれば、すべてを書き換えるようにしましょう。

これと合わせて、**古い遺言書は破棄**してください。古い遺言書が残っていると、新しい遺言書で財産の取り分が減った相続人に「なぜ自分の取り分が減らされたのだろう」と、余計な推測をさせることになります。相続の争いは往々にして、こうした一見些細《ささい》なことから起こるのです。また、古い遺言書のみが先に見つかり、手続きを進めている最中で新しい遺言書が見つかったような場合には、混乱を招きかねません。

また、法律上は撤回の際の遺言書の種類に制限はありませんので、公正証書遺言の撤回を自筆証書遺言で行なうことも可能です。しかし、前述のとおり自筆証書遺言にはさまざまなリスクが存在します。撤回したつもりが自筆証書遺言の記載が不十分で撤回できない可能性や、自筆証書遺言が隠匿され、撤回したはずの公正証書遺言が最新のものとして取り扱われてしまう可能性もあるのです。やはり、公正証書遺言の撤回は、公正証書遺言で行なうことをお勧めします。

このように、遺言書の撤回にはいくつかポイントはあるものの、遺言書は一度書いたら二度と直せないというものではありません。まずは現状で作成し、今後、状況や気持ちが変わった際にはまたつくり直せばよいと思えば、少しは気持ちも楽ではないでしょうか。

「まだ早い」と思う人は、おそらく何歳になってもまだ早いと感じると思います。未来に向かって生きている以上、この先絶対に状況が変わらないなどと断言できる時は永遠に来ません。

いつも未来は不確定なものなのです。「いつか」を待っていては、いつまでたっても遺言書の作成はできません。まずは現時点でどうしたいか、その想いで遺言書を作成しておいてください。

遺言書を書き直すことなく、渡すお金を変える方法

遺言書は、何度でも書き直すことができるのは、前述のとおりですが、少しの変化で毎回遺言書を書き直すには費用や手間もかかるので大変だという人も多いでしょう。

もちろん、大きく状況が変わった場合には作成しなおすべきですが、ここでは、**遺言書をつくり直す手間を減らす工夫**をふたつ、お伝えします。

ひとつめは、**「予備遺言」を記載**することです。

予備遺言とは、242ページの解説のとおり、遺言書に不測の事態に備えた記載をすることをいいます。例えば、長男に不動産やお金を相続させるという遺言書を書いていたとしても、長男があなたより先に亡くなる可能性はゼロではありません。このような不測の事態に備えておくことで、万が一長男があなたより先に死亡したとしても、遺言書を再作成する必要はなくなります。

もうひとつは、遺言書に、**銀行預金の金額まで書かない**ということです。

実は遺言書には、預貯金の金額までは書かなくても問題ありません。金融機関名、支店名、普通預金・定期預金等の種類、口座番号までは口座の特定のために明記すべきですが、

金額の記載は必要ないのです。

メモ

相談を受けるなかで、「今後も預金残高が変わるので、まだ遺言書が書けない」という話も耳にします。しかし、生活のために使う口座の残高は日々変動するのは当然ですし、口座の残高が固定される日は、生きている限り訪れません。預金残高の記載がなくても有効な遺言書は作成できるということを知っておきましょう。

これを応用して、状況の変化に備える方法もあります。まず、長男にはA銀行の預金、二男にはB銀行の預金を相続させるという内容を遺言書で指定しておきます。その後状況が変わり、長男と二男に渡すお金の配分を変えたくなった場合には、生活にかかるお金を引き出す割合を変える、などの対応が可能です。

例えば、もともとB銀行の口座からはあまりお金を引き出したり、引き落としたりしておらず、A銀行を主に使っていたのなら、「少し長男の配分を増やしたい」となったときに、今後はB銀行からお金を使うようにする、という具合です。

ただし、もともとA銀行に2000万円、B銀行にも2000万円あった預金を、二男が気に入らないからといってすべてA銀行に移し替えるような極端なことをすると、後々トラブルのもとになります。ここまで大きく変更したいのであれば、遺言書を書き換えてください。「これは書き換えるべきか、そのままでよいか」と悩んだら、専門家に相談するようにしましょう。なかでも、争いの可能性がある場合には、弁護士に相談してください。

遺言書は、不測の事態に備えておくことで、書き換えをすることなく想いを実現することが可能になります。また、遺言書をつくったからといって、その後自分の財産が使えなくなるわけではありません。このことを知ったうえで、早いうちから遺言書を作成するようにしましょう。

◉お金の終活【確実に残す】（6）

家族ではない人に、お金を残すには？

準備がなければ、原則として相続人以外には残せない

もしあなたが、相続人以外の人に財産を残したいと考えているのであれば、遺言書は必須です。遺言書がなければ、相続で、相続人ではない人に財産を渡すことはできません。

では、「相続人」とは誰のことをいうのでしょうか。ここであらためて整理をしておきましょう。

まず相続権を持つのは、第一順位の相続人です。第一順位の相続人には、あなたに子がいれば子が該当します。子のなかで、あなたより先に死亡した人がいれば、その死亡した子の子、すなわちあなたの孫が相続人になり、これを「**代襲相続**」といいます。

第一順位の相続人は代襲の回数に制限がないので、理論上は何代でも代襲が可能です。

例えば、あなたの相続が起きたとき、すでに死亡している子の子（あなたの孫）もすでに死亡している場合には、その孫の子（あなたのひ孫）が相続人になるということです。子や孫といった第一順位の相続人が誰もいない場合には、第二順位の相続人に権利が移ります。第二順位の相続人は、両親などの直系尊属です。

第一順位、第二順位の相続人が誰もいない場合に、第三順位の相続人が相続権を持ちます。第三順位の相続人とは、あなたの兄弟姉妹などです。

・兄弟姉妹が存命であれば、その兄弟姉妹
・あなたより先に死亡している兄弟姉妹がいれば、その子（あなたの甥・姪）が相続することになります。

第三順位の場合の代襲は（第一順位の相続人の代襲とは異なり）**一代まで**と決まっていますので、甥や姪まですでに死亡している場合には、その子供の世代まで権利が移ることはありません。

そして、あなたに配偶者がいれば、**配偶者は常に相続人**になります。第一順位の相続人がいれば、配偶者と第一順位の相続人が相続人になり、第一順位の相続人がいなければ、第二順位の相続人と配偶者が一緒に相続人になるという具合です。

相続人が誰か、というのは、このように法律で定められています。この決まりがあるため、相続人になる人以外に相続で財産を渡すためには、遺言書が必要ということです。

例えば、可愛いがっている孫も、その孫の親であるあなたの子が存命であれば、相続人ではありません。お世話になっている長男の妻も、養子縁組をしていなければ、相続権はなく、また、親子同然で暮らしてきた配偶者の連れ子も同様です。さらに、長年連れ添ってきた相手であっても、法律上の夫婦ではない内縁関係であれば、相続権はありません。

このような相手に財産を渡したいのであれば、遺言書は必須なのです。

「私が死んだら、孫にもいくらか渡してあげて」という**口約束では不十分**です。口約束が実行されない可能性があるのはもちろん、もし約束どおり相続人が受け取った財産を孫に渡した場合には、あなたの相続人から孫への贈与となり、贈与税がかかります。あなたが渡したいと思う相手にきちんと財産を渡すためにも、遺言書を書いておきましょう。

遺言書ですべての財産を他人に渡すことは可能か？

では、遺言書を作成しておけば、相続人ではない人にすべての財産を渡すということも、可能なのでしょうか。

実は、すべての財産を相続人以外に渡すということは、できない場合があります。その場合とは、あなたに配偶者や第一順位の相続人、第二順位の相続人がいる場合です。なぜかというと、ここで挙げた人には「遺留分」があるためです。

遺留分とは、**相続人に対して最低限保証された権利**のことだと考えてください。その割合は、原則として**本来の相続分の〈2分の1〉**です。第二順位の相続人だけが相続人である場合のみ、本来の相続分の〈3分の1〉になります。この遺留分が、第一順位と第二順位の相続人、そして配偶者には、保証されているのです。

メモ
例えば、あなたに妻と幼い子がいるにもかかわらず、「全財産を他人に遺贈する」という内容の遺言書を残して実際そのとおりに実行されてしまえば、あなたの死後、妻と子は路頭に迷うかもしれません。このような事態を避けるためにあるのが、遺留分という制度なのです。また、他人に全財産を渡す場合以外にも、例えば相続人は長男と二男のふたりがいるが、「全財産を長男に相続させる」という遺言を書くなど、偏った割合で相続人に渡す場合であっても同じです。

では、遺留分を侵害する内容の遺言書を書いた場合には、どうなるのでしょうか。具体的に解説します。

あなたには離婚した配偶者との間に、子がひとりいるとします。離婚した配偶者には相続権はありませんが、離婚によって親子の関係が切れるわけではありません。仮に親権を相手方が持ち、子とはもう何十年と会っていないという場合であっても、子はあなたの相続人です。あなたはその後、再婚せず、相続人はその子ひとりのみ。なんら対策をしなければ、あなたの死後、あなたの全財産はその子に移ることになります。

あなたは、「もう何十年も会っていない子に財産を渡すくらいなら、長年親身になって周辺の世話をしてくれた姪に財産をあげ、有効に使ってほしい」と考えました。その想いを実現するため、「姪に全財産を遺贈する」という内容の遺言書を残し、その後、死亡したとします。

まず、この遺言書は、**子の遺留分を侵害**しています。しかし、この遺言書自体は他の要件に問題がなければ、有効です。遺留分を侵害しているからといって、遺言書自体が無効になるわけではありません。そのため、あなたの財産は、遺言書に書いたとおり、実際に姪のものになります。

その後どうなるかというと、あなたの子が姪に対して、「自分の遺留分を侵害する分を返してください」と請求することになります。この請求を、遺留分減殺請求ということは前述のとおり。姪はこの請求を受け、子の遺留分に相当する分を返還します。なお、この

図表㉓■遺留分侵害の遺言書を残して…

〈何十年も会っていない実の子より、
親身になってくれた姪に…〉

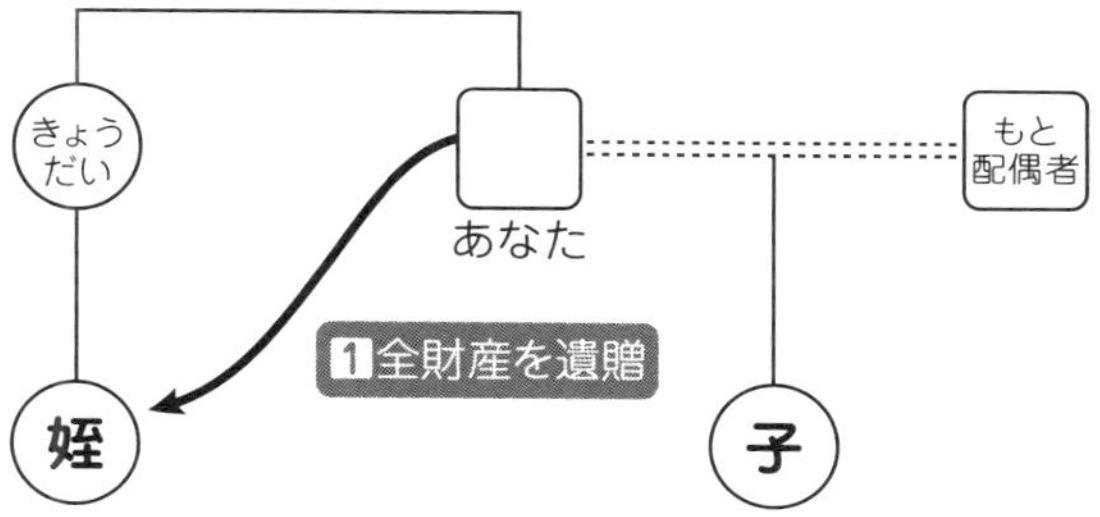

〈その後、起こりうること〉

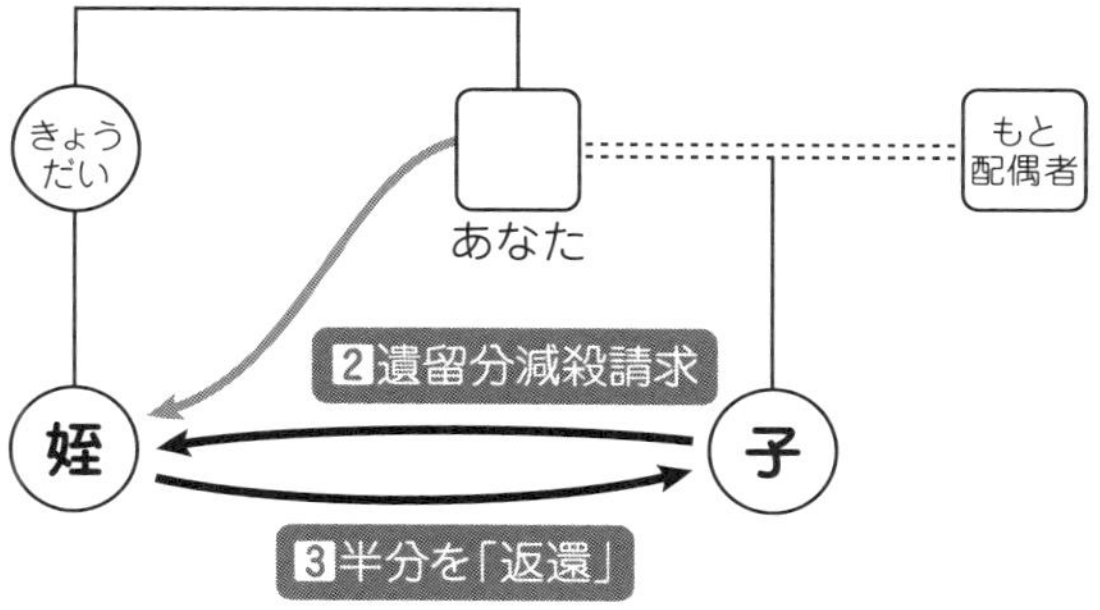

姪は、あなたの子からの請求を受けて、
その遺留分に相当する分を返還することになる

場合の遺留分は、相続財産全体の2分の1です。

遺留分を侵害した内容の遺言書を作成するとこのような流れになりますが、遺留分を侵害した遺言書が一概にダメということではありません。最初から遺留分を確保した遺言書を書くのか、遺留分を侵害した内容の遺言書を作成するのかは、状況次第です。

メモ　例えば、長期にわたって住民票上の住所に住んでいる様子がなく、音信のない相続人であれば、遺留分の請求をする可能性は低いかもしれません。相続が発生したこと自体を知らせようがないためです。

このように遺留分の請求をされる可能性が低いと思えば、あえて遺留分を侵害した内容の遺言書を作成するというのもひとつの考え方です。

そのうえで、万が一請求されたときに備えて、対策をしておいてください。**遺留分請求には時効**がありますが、その時効は、**相続が発生したこと**、および**遺贈等があったことを知ったときから1年**、**相続開始時から10年**と、短いとはいえない期間です。いま現在は相続人と連絡が取れなかったとしても、数年後に現れ、遺留分を請求される可能性もあるということです。そのため、請求される可能性も踏まえて対策を検討しておく必要があるのです。請求された遺留分を〝現物〟で渡すのか、それとも、その対価として〝お金〟で渡すのかについては、原則として請求された側に決定権がありますが、そもそも渡すお金がなければ困ってしまいます。例えば、財産の大半が自宅不動産である場合などには、問題を残さず渡せる財産がありません。

メモ　このような場合には、遺言書の作成とあわせて、56ページで解説した生命保険を使う方法などで遺留分を支払うためのお金を準備しておいてください。

一方で、あまり財産を渡したくない相続人が、自分の取り分は請求するだろうと思えば、最初から遺留分を確保した遺言書を作成しておいたほうがよいでしょう。望まない相手に財産を渡すのは不服かもしれませんが、いずれにしても請求されるのであれば、同じことです。後々遺留分の請求をされ、財産を渡したい相手に心労を負わせるくらいであれば、あらかじめ遺留分相当額を渡しておくことで、争いを予防しておくというのもひとつの手ではないでしょうか。

いずれにしても、遺留分をまったく想定せずに遺言書を作成することは危険です。遺留分という制度があることを知ったうえで、請求される可能性を踏まえ、請求された場合の対応や最低限の遺留分を確保した遺言書をつくるなど、対策を検討しておきましょう。

メモ

相続人であっても、兄弟姉妹など第三順位の相続人には、遺留分がありません。そのため、あなたの相続人が第三順位の相続人のみであれば、例えば内縁の妻に全財産を渡すことも可能です。遺留分がない以上、どのような内容の遺言書を作成したとしても、兄弟にはその内容に文句をいったり、取り戻したりする権利もないのです。この場合には、特に遺言書が強い効力を発揮しますので、上手に活用するとよいでしょう。

遺言書の内容を必ず実行させるための「たった3つのポイント」

さて、ここまで遺言書について記載してきました。しかし、いくら遺言を書いても、その内容が実行されなければ意味がありません。ここでは、遺言書の内容を確実に実行するためのポイントをお伝えします。

ポイントは3つ。一部は繰り返しになりますが、

①公正証書遺言で作成すること
②遺言執行者を決めておくこと
③事前確認を怠らないこと

です。まずひとつめの、公正証書遺言。これについては201ページ以降に詳しく紹介した

ので、こちらを参照してください。やはり自筆証書遺言は無効になる危険性も高く、公正証書遺言と比較して落とし穴が非常に多いため、お勧めできません。遺言書の内容を確実に実行させたいのであれば、必ず公正証書遺言で作成しておきましょう。

次に、**遺言執行者の選任**です。遺言執行者とは、遺言書の内容を実行する責任者のようなものだと考えてください。

遺言執行者は原則として、単独で遺言に書いた内容の手続きが可能です。例えばＡ銀行の預金を長男に相続させる旨の遺言書を書いた場合、遺言執行者はひとりでＡ銀行に手続きに行き、あなたの預金口座のお金を長男に移す手続きができるということです。一方で遺言執行者がいなければ、Ａ銀行のお金を長男がもらうために、相続人全員の同意が必要になることがあり、非常に大変です。

また、執行者がいると、原則として、相続人は遺言書の内容とは異なる処分はできません。そのため、確実に遺言の内容を実行できるのです。

このように、**遺言執行者は遺言の内容を確実に実行するために不可欠な存在**です。遺言書を作成するときには、遺言執行者の記載は必須だと考えておきましょう。

また、手続きを確実にするために、遺言執行者の権限も遺言書に明記しておきましょう。

例えば、「遺言者名義の預貯金の解約、払戻、名義書換請求をする権限及びその他この遺言執行のために必要な一切の権限を有する」などです。遺言執行者である時点で、遺言書に記載の内容を実行する権限を持つと解するのが通常ですが、金融機関等の手続き先によっては、このような具体的な記載がなければ、遺言執行者単独での手続きに応じない場合もあるためです。

なお、執行者は、信頼できる家族や知人を指定してもよいですし、弁護士や行政書士など相続に詳しい専門家に依頼する方法もあります。執行者は、未成年者や破産者でないこと以外に、特に要件はありません。ただし、あなたの相続が起きたときに執行者がすでに死亡していたり、手続きに動ける状態でなければ、不安が残ります。執行者は、あなたより10歳以上若く、健康な人を選任することをお勧めします。執行者を依頼したい場合には、あらかじめ本人に承諾を得ておきましょう。

遺言の内容を実行させるためのもうひとつのポイントは、**事前の確認を怠らないこと**です。まず、遺言によって寄附を行なう場合には、寄附先が受け入れてくれるかどうか確認しておきましょう。お世話になった団体へ、よかれと思って財産を寄附する内容の遺言書を書いたところで、受け取ってもらえるとは限りません。特に土地などは、もらっても管理に困ることも多く、受け入れてもらえない場合もあります。一方的に寄附をするのではなく、あらかじめ確認をすることで実現しやすくなります。

そして、あなたの書いた遺言で実際に相続手続きが可能かどうか、あらかじめ金融機関などの手続き先にも確認をするとよいでしょう。

メモ

例えば、遺留分を侵害した遺言書であっても有効である旨は前述のとおりです。しかし、金融機関によっては、遺留分を侵害している場合には、遺留分権者から遺留分減殺請求をしない旨の念書等をもらわなければ払い戻しに応じない、という対応をすることもあります。遺留分を侵害された相手が念書等に協力してくれる可能性は低く、手続きが止まってしまいます。

遺言執行者が選任されていれば、本来は遺言執行者のみの押印で手続きが完了するはずですが、遺言執行者が弁護士など一定の資格者でない場合には、預金の払い戻しのために相続人全員の押印が必要という対応をしている金融機関もあるのです。

このように、**金融機関には手続きに独自ルールがあることも多い**のですが、実際に相続が起きたときの流れをあらかじめ確認しておくことで、不測の事態を防ぐことができます。

確認の結果、遺言書の記載方法の工夫で対応できそうであれば対応すればよいですし、その金融機関では想いの実現が難しいと思えば、**別の金融機関にお金を預け替える**のも、ひとつの選択肢です。実際に相続が起きてから発覚した問題への対応は困難ですが、あなたが元気なうちであれば、いくらでも方法はあるのです。

遺言書を作成する際は、ここまで行なっておくと安心です。遺言書の内容を確実に実行するため、この3つのポイントを押さえておきましょう。

第5章

【先回りで備える】

相続が起きた後のことまで考えた「先回り」の生前準備

◉お金の終活【先回りで備える】（1）

相続後に直面する「銀行口座凍結」

銀行口座はいつとまるのか？〈都市伝説と実際〉

この章では、相続発生後のお金について解説していきます。まずは、相続発生直後に家族が直面する「銀行凍結」についてです。

本書でも何度か記していますが、実際に誰かが亡くなるなど相続が起き、口座名義人の死亡の事実が金融機関に伝わると、被相続人の銀行口座からは預金が引き出せなくなります。これを、一般的に「**銀行口座の凍結**」といいます。口座が凍結されると、正式な手続きを踏むまで、凍結された口座からはお金を引き出すことができません。

いったん凍結されてしまうと、その後、被相続人の口座からお金をおろすには、想像以上に時間がかかると考えてください。凍結した口座からお金を引き出すには、必要な書類を集める必要があるほか、誰がその銀行口座のお金をもらうのかという話し合いをまとめる必要があります。また、相続人のなかに認知症の人がいる場合には、その人の代わりに話し合いに参加する人を選ぶ手続き等が必要になります。もちろんこうした手続きや話し合いをしている間は、銀行口座は凍結したままです。どのくらい時間がかかるか、というのはケースバイケースですが、３か月から1年、場合によってはもっと長くかかることもあるのです。

では、金融機関は、口座名義人が亡くなったことをどのように知るのでしょうか。

これはさまざまな噂や誤解も多いところですが、実は、亡くなった人の家族が直接金融機関に伝えたとき、ということがほとんどなのです。金融機関によっては新聞の訃報欄をチェックしていたり、葬儀を行なっている様子を見たりして凍結することもあるようですが、どちらかというと少数で、多くは、亡くなった人の家族が手続きに必要な書類をもらおうとして死亡の事実を伝えたり、また窓口で代わりにお金をおろそうとして亡くなったという事情を伝えたりすることで、凍結されているのです。

メモ　市町村役場の窓口で死亡届を提出したら、死亡した旨の通知が市町村役場から金融機関に伝わり、その情報をもとに口座が凍結されると思っている人も少なくないようですが、現在の日本ではまずありえません。将来的にマイナンバー制度の活用が広がれば可能性はゼロではありませんが、現状では役所から金融機関に死亡の連絡が行くことはないことも知っておきましょう。

口座凍結後、お金を引き出すにはどうしたらよいか？

では、いったん凍結された口座からお金を引き出すには、どうしたらよいのでしょうか。

これには、その口座の、①**お金をもらう人を決める**ことと、②**必要な書類を集める**こと、そして③**集めた書類を提出する**ことの3つが必要になります。

まず、その口座のお金を誰がもらうのかを決める段階ですが、遺言書で具体的に承継者が決まっていれば、その人が承継することになります。また、遺言書がない場合や、遺言書があってもその預金の承継者についての記載がなければ、誰が相続するのかを相続人全員で話し合って決めることが必要です。

そして、その話し合いと同時進行で、手続きに必要な書類を集めます。銀行口座の解約や名義変更に必要な書類は、相続人の状況や遺言書の有無などによって異なりますが、基本となる書類は下記のとおりです。必要な書類と、それぞれの書類が必要な理由を知っておきましょう（以下は、遺言書がない場合の金融機関の相続手続き必要書類の一例）。

□遺産分割協議書

相続人全員で誰がどの財産をもらうのかを話し合い、その結果を記した書類です。全員が納得していることの証に、相続人全員の実印を捺印します。金融機関の手続きでは、遺産分割協議書のなかで金融機関名、支店名、普通預金・定期預金等の預金の種別、口座番号の記載で口座を特定し、誰が承継するのかを明記することが必要です。

□印鑑証明書

遺産分割協議書に押印をした印が、実印であることを証明するために必要です。

□被相続人の出生までさかのぼる戸籍・除籍・改製原戸籍謄本

相続人の確定のために必要です。除籍や原戸籍とは、古くなって閉鎖された、もう動かない戸籍謄本のことだと考えてください。相続人を確定するためには、まず、被相続人に第一順位の相続人たる子がいるかどうかを調べる必要があります。

メモ　新しい戸籍だけ見ればわかると思うかもしれませんが、戸籍謄本は、市区町村をまたいで転籍をしたときや戸籍法の改正などで新しくなり、新しく作成された戸籍謄本には、**もとの戸籍ですでに抜けている人は原則として記載されません**。つまり、被相続人に子供がいたとしても、戸籍が新しくなるより前に、結婚したなどの事由で子が戸籍から抜けた場合、被相続人の最新の戸籍にはその子は載らないことになるのです。そのため、被相続人に「子供は何人いて、それは誰か」、あるいは「子供がいなかったか」などを証明するためには、最新の戸籍謄本のみならず、被相続人の出生時点までさかのぼる除籍や原戸籍が必要になります。なお、子供がいる場合には出生までさかのぼるのは被相続人の戸籍のみでよいのですが、第一順位、第二順位の相続人がおらず、**兄弟姉妹などが相続人である場合にはさらに大変**で、この場合、被相続人の母親と父親それぞれについても、出生までさかのぼる戸籍謄本などの取得が必要になります。というのも、被相続人の兄弟姉妹は、被相続人の「父」や「母」から見れば「子供」であり、それぞれについて、「子供は何人いて、それは誰か」、あるいは「子供がいなかったか」を証明する必要があるためです。

□相続人全員の戸籍謄本

相続人が存命であることの証明のために必要です。相続人がすでに亡くなっていれば、代襲などで相続の権利が別の人に移り、相続人が変わるためです。

□被相続人の最後の住民票（除票）

手続き先の金融機関に届出の住所と照合し、亡くなったのが本当に口座の所有者であるのかを確認するために必要です。

□相続人全員の住民票（本籍地記載あり）

戸籍謄本には、本籍は載っていますが、住所は載っていません。一方、印鑑証明書には住所は載っていますが、本籍地は載っていません。このふたつの書類をつなぐ役割として、本籍地の記載のある住民票が必要です。なお、この相続人の住民票については不要とする金融機関も存在します。

これらのほか、金融機関独自の書類への記載も必要になることがほとんどで、また、相続人や遺言書の有無などの状況により必要な書類は異なりますので、実際に手続きに入る前にあらかじめ手続き先の金融機関に確認するようにしましょう。

紹介した必要書類のなかで特に取得が大変なのが、被相続人の出生までさかのぼる除籍謄本等です。一度にすべての戸籍、除籍、原戸籍を取得することは困難で、まず最新の戸籍謄本を見て、その記載を確認したうえでその前の除籍や原戸籍を取得して……という具合に、ひとつひとつさかのぼっていくことになります。

メモ　昔の戸籍謄本は日常で目にすることは稀であり、そのうえ古いものは手書きのため、文字が読みづらいものも少なくありません。

また、被相続人が遠方に本籍地をおいていたことがあれば、さらに大変です。戸籍謄本等の請求先はすべて最寄りの役場ですむわけではなく、該当の市町村役場への請求が必要になるためです。その役所まで行かずとも郵送での取得も可能ですが、慣れていない人にとっては非常に骨の折れる作業でしょう。

こういった書類の取得を代行している事務所もあるので、手間との兼ね合いで、取得代行の依頼を検討してみることもひとつです。

なお、これらの書類を手続きが必要な金融機関の数だけ取得すべきかといえば、その必要はありません。多くの金融機関で、原本を持参すれば、コピーを取ったうえで原本を返してくれるためです。また、金融機関以外の手続きにおいても、不動産の名義変更をはじめとするほとんどの手続きで、原本を返してもらうことが可能です。

メモ　ただし、手続き先によっては、何も伝えることなく提出すると、そのまま原本を回収されてしまうこともありますので、あらかじめ原本の返還が可能か確認のうえ、提出をする際にも再度原本を返してほしい旨を伝えるようにしてください。

話し合いがまとまり、書類がそろったら、これを金融機関の支店に提出しに行きます。

提出先は、どの支店でもよいという金融機関も多いのですが、なかには亡くなった人の口座があった支店でないと受け付けられないとしている金融機関もありますので、あらかじめ確認しておきましょう。

なお提出時にも、手続きをスムーズに行なうためのコツがあります。金融機関によっては、相続の手続きを受けられる人が支店でひとりのみ、という場合もあります。そのため、せっかく支店へ出向いても、その時間に相続手続きの担当者がいなければ、別の日に出直す必要が生じる場合があるのです。このような時間のロスを防ぐため、**あらかじめ電話で訪問日時を伝えておく**ようにしましょう。

また、相続の手続きには時間がかかりやすく、相続関係の書類が多い場合などには、2時間近くの待ち時間が生じることもあります。手続きの所要時間を確認したうえで、余裕をもったスケジュールを予定しておきましょう。最近では、金融機関の手続きの代行を行なう専門家も増えています。平日に休みを取るのが難しければ、他の手続きとあわせて金融機関の手続きを専門家に依頼するのも、ひとつの方法です。

必要書類を提出すると、その場ですぐに振込み手続きがされる銀行もあれば、後日振り込む金融機関もあります。このような一連の手続きを経たうえで、お金が振り込まれてようやく、被相続人の口座のお金を使うことができるようになるのです。ここまでの流れを知っておきましょう。

メモ
金融機関によっては、こういった正規の手続き完了前に、葬儀に必要なお金など一定の金額についてのみ、払い戻しに応じてくれる場合もあります。困ったときの手段のひとつとして頭に入れておくとよいでしょう。もちろん、その反対に、金融機関によっては応じない場合もあり、応じる場合であっても原則として相続人全員の合意が必要ということも、あわせて知っておいてください。

相続発生前後、凍結の前にお金を引き出してもよいか？

故人の銀行口座が凍結されると、そこからお金を引き出すためにはさまざまな書類や手続きが必要になる旨は、前述のとおりです。ここでは相続発生前後で口座が凍結される前に被相続人の銀行口座からお金を引き出してもよいのか、という点について解説します。

実はこれはよく聞かれる質問なのですが、この質問の回答は、「何のために凍結前にお金を引き出したいのか」という目的によって大きく異なります。

相続発生前後、口座凍結前にお金を引き出したいと思う理由には、大別して3パターンが考えられます。

①「被相続人の口座のお金を減らすことで相続税を減らしたい」

②「ほかの相続人に渡すお金を減らすため、被相続人のお金を少なく見せたい」

③「当面の資金繰りのため」

まず、①の「被相続人の口座のお金を減らすことで相続税を減らしたい」ということが目的であれば、焦ってお金を引き出してもまったく意味がないので、やめておきましょう。相続税が相続発生時点での被相続人の財産に対してかかる税金だということは前述のとおりです。そして、被相続人の財産には預貯金だけでなく、現金も含まれます。

仮に、相続開始まぎわに500万円の預金を被相続人の口座から引き出せたところで、その500万円に対してかかる分の相続税が減るわけではありません。500万円を引き出したからといって被相続人の財産が減ったわけではなく、預金から現金へと形を変えただけであるためです。

メモ　「預金より現金のほうが誤魔化しやすい」などと考えるかもしれませんが、税務署は被相続人の預金の取引履歴を調べる権限を持っており、相続開始直前の引き出しがあれば、現金へと形を変えてお金が残っていると考えるのが自然で、隠すことはできません。そのため、焦って預金を引き出したところで相続税の額には一切影響しないことになります。さらに、こういうことがあると、ほかにも財産を隠しているのではないかと疑われかねません。また、場合によっては悪質な脱税として、ペナルティ分の相続税が余分にかかることもあります。相続税を減らす目的で被相続人名義の口座からお金をおろすことは、意味がないどころか、余計な疑いを持たれたり、ペナルティとして相続税が増えたりする原因になりかねませんので、やめておきましょう。

次に、②の「ほかの相続人に渡すお金を減らすため、被相続人のお金を少なく見せたい」という場合。この目的で被相続人の口座からお金を引き出すことは、絶対に行なわないでください。相続人どうしのトラブルのもとになるだけではなく、悪質な場合には横領などの罪に問われる可能性もあります。「発覚しなければよい」と考えるかもしれませんが、各相続人は単独で、被相続人の預金口座の入出金履歴の取得が可能です。つまり、他の相続人は、あなたの協力なく、**被相続人の口座の履歴を調べられる**ということです。

仮に、被相続人がすでに病床に伏していた期間内の日時にお金の引き出しがあれば、被相続人以外が引き出したことは明白です。自分が他の相続人より多く財産がほしいからといって被相続人の口座からお金をおろすことは、絶対に行なわないようにしましょう。

最後に、③の「当面の資金繰りのため」という場合です。これは、ほかの相続人との関係性によります。ほかの相続人との間で争いがなく、全員が一時的な資金確保のためにお金を引き出すことに合意しているのであれば、相続開始前後でお金を引き出したところで、問題が起こる可能性は低いためです。

ただし、真意の如何《いかん》を問わず、ほかの相続人の了承を得ることなく独断で引き出した場合には、「被相続人のお金を隠そうとした」と誤解され、トラブルになる危険性があります。また、本来は**口座のお金を引き出すことができるのは**、**口座名義人のみ**であることも知っておいてください。

ここまで知ったうえで、どうしてもという場合には、相続人どうしの関係を考慮のうえ慎重に判断するようにしましょう。

このように、相続開始前後にお金を引き出してよいかどうかは、その状況や目的によって大きく異なります。直前直後で家族が慌てなくてすむよう、次ページから説明する内容についても検討し、対策をしておきましょう。

◉お金の終活【先回りで備える】(2)

「相続後のお金」という視点から見た生命保険と預金口座の違い

いざというときの「一時金」になる生命保険

ここでは、相続開始直後の資金繰りの観点から、生命保険と預金の違いについて解説します。前述のとおり、金融機関が相続の開始を知ると、その時点で口座からお金を引き出せなくなります。本人が亡くなってしまったわけですから、悪用などを防ぐ意味でもこうした処置はされるべきですが、一方で、残された家族はというと、葬儀費用や病院への支払いなど、現実には何かとお金が必要な状況にあります。その口座で家族の生活費などを管理していた場合には、当面の生活に困ってしまう可能性もあるでしょう。

このような事態を避けるために使える方法のひとつに、生命保険があります。被相続人が生前に生命保険に加入をしていれば、相続が起きた際、生命保険は銀行口座よりもはるかに早くお金を引き出すことができるのです。万が一に備えるのが生命保険の基本的な考え方ですが、このように**相続発生時のための預金**と見ることもできるわけです。

メモ
生命保険は原則として受取人だけで手続きが完了します。ほかの相続人が納得していなくても、関係ありません。いくつかの書類をそろえる必要はありますが、おおむね1～2週間程度でお金が振り込まれます。凍結された銀行口座からお金を引き出すことに比べて、はるかにスピーディにお金を使えるようになるのです。相続直後の対応で、お金に不安がある場合には、ぜひこの生命保険のことを思い出してください。

では、被相続人が加入している生命保険を、なぜ銀行口座よりも早く家族は手にすることができるのでしょうか。

形は違えども、同じ資産。にもかかわらず、このような差が出るのは、実は**民法上の性質の違い**があるためです。

結論からいうと、実は**生命保険金は相続財産でない**ため、そもそも**遺産分割の対象にならない**のです。

一般的に、相続発生後は被相続人が残した遺産を分割するための話し合いをします。この話し合いによって決まった内容をもとに、実際に遺産を分けるのですが、生命保険金はこの対象ではないということです。

一方、被相続人の**預金は遺産分割の対象**です。そのため、前述のとおり、相続人の間で話し合いがまとまらなければ、お金をおろすことはできないのです。

メモ

生命保険が相続財産であると誤解される一因に、生命保険金にも相続税がかかることがあげられるでしょう。生命保険金は民法上の相続財産ではないものの、税法上は相続財産とみなすという規定を入れて、生命保険金にも課税できるようにしています。なぜ、このように法律で決められているかといえば、課税逃れを避けるためです。例えば、もし生命保険金に相続税がかからないということであれば、「預金をかなり少なくして、ほとんどの財産を生命保険にして相続税の負担を減らす」ということができてしまいます。法律はこうした課税逃れを防いでいるのです。

「受取人」は誰か

ちなみに、生命保険金は相続財産ではないため、指定された受取人が受け取った生命保険金をほかの相続人に渡す、ということもできません。ほかの相続人から「受け取った保険金のうち半分ほしい」といわれても渡す必要はありませんし、また自発的に、「あなたの取り分が少ないから、受け取った保険金から半分あげます」ということもできません（これを行なうと、単に保険金を受け取った人から渡した相手への贈与として、贈与税がかかります）。

家族がもめそうにないからといって安易に「とりあえず、すべての生命保険の受取人を長男にしておくから、あとは兄弟で話し合って分けてほしい」としていては、税金という別の問題が生じる危険性がありますので、受取人についてもあらかじめ、しっかり検討する必要があります。

また、受取人が個人名ではなく「相続人」となっている場合や、被相続人本人となっている場合には取扱いが異なります。スムーズな手続きのためには、**受取人をしっかりと指定しておく**ことが必要です。

生命保険は相続税の計算上の非課税枠があるので、相続対策というとその点が注目されることが多いようですが、ここで述べたとおり、お金がおりるのが早いというメリットもあります。こういった点も知って効果的に活用するとよいでしょう。

◉お金の終活【先回りで備える】（3）

残された家族がパニックにならないように

「どこに何があるかわからない」が一番困る

相続が起きると、残された家族には大量の手続きが押し寄せます。専門家でもなければ「相続の手続きに慣れている」ということは稀で、悲しみのなか、不慣れな手続きを進めなければなりません。

相続が起きた後にやらなければならない手続きは、被相続人の状況や財産の内容により大きく異なります。全体像を見ることなく手続きを進めてしまっては不利益を被る危険性もあり、断片的に手続きを進めることはお勧めできません。

相続人はできるだけ早い段階で、どんな財産があったか、借金はなかったか、遺言書はあったのか、といった相続の全容を把握することが必要です。残される家族を困らせてしまわないためにも、大切な事項は、お金の終活をするあなたが、きちんと記録しておきましょう。相続人を困らせないため、記録しておきたい事項は、次のとおりです。

①財産の種類と所在
②借金や保証の有無
③遺言書の有無と保管場所
④生前に相談していた専門家の連絡先

以下、ひとつずつ見ていきましょう。

①財産の種類と所在

財産の一覧については第２章で紹介した財産一覧表を活用し、どこに何があるのかを正確に記録しておいてください。120ページ以降で記載した「見落としがちな資産」については、特に漏れがないよう正確に記録しておきましょう。

②借金や保証の有無

借金や保証の有無も、財産一覧表に漏れなく記入しておきましょう。私の印象では、相続が起きた後のご相談の際、相続人に借金がなかったか、保証人になっていなかったかを尋ねると、「ないと思います、たぶん」と、少しあいまいに答えられる方がほとんどです。自分の家族であっても「借金をしていない」と断言するのは難しいのかもしれません。

被相続人の借金が多額であった場合には、その借金を引き継がずにすむ手続きがあります。これを**相続放棄**といって、家庭裁判所で手続きを行ないます。相続人が相続放棄をすると、相続放棄をした人は、最初から相続人ではなかったものとみなされるため、借金を相続することはなく、借金の負担もなくなります。

メモ　相続放棄は、単に借金などの負担を免除する制度ではなく、相続放棄をした人を最初から相続人ではなかったとみなすことで、プラスの財産もマイナスの財産も引き継がせない制度です。そのため、相続人の銀行預金からお金を引き出して自分のために使うなど「被相続人の財産の処分」と裁判所に判断される行為をしてしまった後では相続放棄は認められません。相続放棄を検討する場合には、相続が起きた直後から、**被相続人の財産の処分と見られかねない行為をしない**ように注意を払う必要があります。

相続放棄ができる期間は、原則として**相続の開始があったことを知ったときから3か月**

以内です。短期間での慎重な判断が家族に求められますので、借入金があればその詳細を、そしてなければ「ない」と明記しておいてください。

③遺言書の有無と保管場所

前章で解説したとおり遺言書は、残された家族にとって心強い存在です。しかし、せっかく遺言書を作成しても、相続が起きた後で見つけてもらえなければ、手続きには使えません。遺言書がない前提で遺産分割を進めていて、あとから遺言書が出てきたとなると、内容によってはトラブルになります。

あるいは、「あの人なら遺言書を残していたはずだ」との想いから、存在しない遺言書を探し回ってしまい、手続きが進められなくなる可能性もあるでしょう。

遺言書の有無とその保管場所についても、ぜひ確実に記載しておいてください。

④生前に相談していた専門家の連絡先

すでに自分の相続について、弁護士、税理士、行政書士などの専門家に相談している場合には、その専門家の事務所名と氏名、連絡先を記録しておいてください。財産を記録した用紙に、名刺をクリップなどで挟んでおくとよいでしょう。相続が起きた後、まったく知らない専門家に家族が一から話されるより、生前に相談していた専門家への相談のほうがスムーズです。

また、まだ相談していない方は、元気なうちに信頼できる専門家に相談しておきましょう。相続に関する問題の解決は、いざ相続が起きてから家族に問題を残したり、後悔させてしまったりしてからでは遅く、相続が起きる前にしかできない対策が少なくありません。相続が起きた後の実際の手続きや問題解決に詳しい専門家であれば、あなたの相続について考えられるリスクやその解決法について、具体的で適切なアドバイスをくれるはずです。

相続が起きた後、相続人が困ってしまわないためにも、ぜひこのような内容を書き残しておいてください。何もない状態でイチから手続きをはじめるより、相続人の負担ははるかに軽減されます。

遺言書は貸金庫に入れないで！

あなたが遺言書を作成した場合には、その保管場所に注意を払う必要があります。遺言書はとても大切な書類。矛盾するような話ですが、**生前に見つかりにくく**、かつ**相続が起きた際には見つけてもらいやすい場所**がよいでしょう。

ごく一般に保管場所の候補に入りがちであるにもかかわらず、絶対に保管してはいけない場所があります。それは、自分の名義の貸金庫です。

「えっ、貸金庫って大切なものの保管に適しているんじゃないの？」と、意外に思われる方も多いでしょう。確かに、銀行の貸金庫は、大切なものを保管するのに最適な場所です。ではなぜ、遺言書は貸金庫で保管してはいけないのでしょうか。

順を追って説明します。遺言書の役割については第4章で解説していますが、遺言執行者の指定があり、法的に問題のない遺言書があれば、原則として遺言執行者のみで被相続人の預金の解約や名義変更の手続きが可能です。一方で遺言書がなければ、被相続人名義の預金の解約にも、不動産の名義変更にもすべて、相続人全員の同意が必要です。

このルールは、貸金庫の開錠にもそのままあてはまります。遺言書があれば、遺言執行者のみで貸金庫の開錠が可能で、遺言書がなければ貸金庫の開錠のために、相続人全員の同意が必要、ということです。

では、仮に遺言書があったとして、その遺言書が貸金庫のなかに入っていたら、どうでしょう。ちょっと想像してみてください。

お気づきでしょうか。貸金庫のなかに入った遺言書は、まるで金庫のなかにその金庫の鍵をしまっているようなもの。貸金庫を開けてその遺言書を取り出すためだけに、ほかの相続人全員の同意が必要になってしまうのです（遺言書が貸金庫に入ってさえいなければ、遺言執行者のみで開錠できたのにもかかわらず）。残される家族がトラブルに巻き込まれないように、スムーズに手続きができるようにとの想いで遺言書を書いたはずが、遺言書自体を取り出すために全員の同意が必要では、本末転倒です。

メモ

公正証書遺言の場合、万が一貸金庫に入れていても、公証役場で新たに謄本を請求できます。謄本が請求できるということは、**再発行可能**ということです。もちろん、その謄本は貸金庫の開錠などの手続きに使用できます。一方、自筆証書遺言であれば、その現物を取り出さないことにはどうしようもありません。この点でも公正証書遺言のほうが安心です。なお、公正証書遺言の謄本の請求は、遺言書を作成した本人の存命中は原則として本人しか請求できませんが、本人の死亡後は、相続人や遺言執行者からの請求が可能です。とはいえ、公正証書遺言の再発行（謄本請求）は、実際に遺言書を作成した公証役場でのみ可能なため、遠方であれば大変です。再発行は最終手段と考えて、やはり遺言書は、自宅内の金庫や鍵のかかる引き出し、また信頼できる家族や専門家に保管を依頼するなど、銀行の貸金庫以外の場所で保管してください。

◉お金の終活【先回りで備える】（4）

上手な「終活」専門家の選び方

断片ではなく、トータルで見ることができる専門家

相続発生後の手続きについて代行やサポートをする専門家も増えていますが、弁護士や司法書士、行政書士、税理士、その他民間資格である相続診断士など、さまざまな資格者が相続サポートを掲げているため、自分はいったいどの専門家に相談したらよいのだろうかと判断に迷うことかと思います。どのような基準で専門家を選べばよいのか、ここではいくつかのポイントをお伝えします。

まず、資格を問わず、**故人が生前に相談していた専門家**がいれば、その専門家に依頼するのがスムーズです。生前に相談していた相手であれば、故人の財産について、遺言書の有無について、そして故人が考えていたことについて知っていることも多いためです。

生前に相談していた専門家がいなければ、各専門家との提携があり、相続をトータルで見ることのできる専門家をお勧めします。相続にかかわる独占業務は、多数の専門家にまたがっています。独占業務とは、その資格を持っている人しか行なってはいけない業務だと考えてください。

メモ

例えば、相続争いの間に入って相手方との交渉を行なうことができるのは弁護士だけです。また、不動産の名義変更などの登記手続きや、相続放棄など家庭裁判所での手続きを行うことができるのは、原則として司法書士だけです。あるいは、相続税の申告や準確定申告といった税務署関連の手続きは税理士、という具合に、その他さまざまな独占業務が存在し、これらをすべて把握することは非常に困難です。

そもそも、相続の際の困りごとは自分で認識できるものばかりとは限りません。89ページでも紹介した例ですが、「自分は相続放棄がしたいから、相続放棄の手続きができる専門家は司法書士」と考えて司法書士のところへ依頼に行ったものの、実際には、あなたの問題を解決するためには家庭裁判所での相続放棄の手続きまでは必要ない、という場合もあります。また、税金がかかると思って税理士のところへ行ったとしても、財産総額を計算してみたところ相続税の申告は必要ない、という場合もあります。

このように、本来必要でない専門家へ相談することで、実際に必要な手続きに入るまでにタイムラグが生じてしまうこともあるため、まずは**トータルで状況を見ることができる専門家に相談する**のがよいといえます。

メモ

医者でいえば、具合が悪いときにまずはかかりつけ医の診察を受け、その結果、どこに問題があるかが判明した場合は、症状が起きている原因などにより、その原因への対処ができる専門医を紹介されます。相続の相談も、これと同じようなものだと考えてください。いきなり高度な技術を持った専門医を受診したところで、そもそも問題の原因が違えば治療してもらえません。そうではなく、まずは各専門家とのネットワークがあり、相続を俯瞰して見ることができる専門家に、「どこに問題があるのか」「あなたにとって必要な専門家は誰で、どういったスケジュールで進めればよいのか」を見てもらってから進めたほうが、はるかにスムーズなのです。

相続は、ある一定の側面からのみ問題を見ていると、ほかの重大の問題を見落とす危険性があります。ひとりの専門家のみで解決できる案件は稀ですから、専門家どうしのネットワークを持っていてトータルで状況を見ることができる専門家に相談するようにしてください。「生前」相談と同じく、初回の相談は無料ということも多いので、そういった相談も活用するとよいでしょう。

メモ

事務所の規模もさまざまですが、大手の事務所が一概によいサポートをしてくれるとも限りません。大手事務所であればあなたの案件の担当者はその事務所の代表者でないことのほうが多いため、結局のところ、その担当者次第なのです。大手事務所の場合には、事務所の方針とあわせて担当者単位での見極めも必要となることを知っておいてください。

信頼して遠慮なく話せる専門家

相続のサポートは、単に手続きを代行するだけではありません。あなたの家族の、人生の節目をサポートする相手です。相続の手続きを依頼する際には、実務能力とあわせて、**人間としてあなたが信頼できる人**を選ぶようにしてください。

相続のサポートを依頼する場合には、まず専門家に対して、かなりプライベートな話をすることになります。いいづらいからといって伝えずにいては、望むとおりの手続きができない可能性や、重大な事項を見落としてしまう危険性があります。依頼者の秘密を守ることは専門家として当然ですが、それに加えて、この人にプライベートな話ができるかどうか、話しやすいかどうか、という視点も重要なのです。相続の専門家は通常、多くの人のさまざまな人生を聞いてきています。仮に、友人等に気軽に話せる事情ではなかったとしても、遠慮なく話されたほうが、解決への近道です。

また、相続が起きた後の手続きの進め方には、正解がありません。ただし、例えば不動産を売却したいので不動産の名義変更から進めてほしいとか、手続きが終わるまで不安であまり眠れないので、できるだけ早く進めてほしいというような、個人的な希望がある場合もあるでしょう。全体の舵取りをしてもらううえで、個別事情をどこまで加味してもらえるのか、また専門家との価値観が共有できるかどうかも重視したいところです。

あまり面識のないベテランの先生に頼んだ結果、難しい言葉で説明をされたり、わからないことを質問しづらかったり、また萎縮《いしゅく》してしまい自分の希望や想いを伝えられなければ、意味がありません。また、例えば、あなたは早く手続きをしてほしいと思っているのに、特に理由なく法的な期限ギリギリまで手続きを先延ばしにされてしまっては、ストレスを感じてしまいます。

このようなことのないように、あなたや故人の想いを共有し、寄り添い、価値観を理解しようとしてくれる専門家を選びましょう。

◉お金の終活【先回りで備える】(5)

もめてしまったときのことを考えておく

もめてしまったときに備えてできる対策

家族に問題なくお金を残す「お金の終活」を行なう一環として、家族が相続で争ってしまうような事態を避けるための対策を行なうことも欠かせません。「うちは仲がよいから大丈夫」とか、「話し合って解決するだろう」などと考え、なんら対策をしなかった結果、争族になってしまう事例は少なくないのです。ここではあらためて、家族の争いを予防する方法と、争ってしまった場合に備えた対策についてまとめておきます。

①公正証書による遺言書を作成すること

必ず遺言執行者を選任し、付言(243ページ参照)で想いを記載しておきましょう。

②生前贈与も検討してみること

確実に渡したい財産は、生前贈与も検討しましょう。

③生命保険で「渡す相手の決まったお金」をつくっておくこと

生命保険が相続財産ではなく受取人固有の財産であることを利用しましょう。

④遺留分減殺請求に備えた対策を行なうこと

遺留分（27ページ参照）についての対策もしっかりしておきましょう。

以上、家族が争う「争族」を避けるため、これらを組み合わせて活用することが重要です。

元気なうちにしかできない対策を知っておこう

争族対策として考えられるものは前述のとおりですが、ここでひとつ大前提の話をしておきます。これらの対策はすべて、認知症になってしまってからでは行なうことが困難だということです。ひとつずつ見ていきましょう。

まず、**遺言書の作成**です。これは、本人が認知症になってしまえば、誰も作成することはできません。後見人をつければ、後見人が代わりに作成できると思っている人もいるようですが、それは不可能です。後見人であっても、専門家であっても、あなたの代わりに遺言書を作成することは誰にもできません。これは、自筆証書遺言であっても、公正証書遺言であっても同じです。あなたの遺言書をつくることは、あなたにしかできないのです。

また、認知症になれば、**生前贈与**も不可能になります。いくら結果的に「もめないため」であっても、「生前贈与をしたほうが相続税が安くなる」場合であっても、認められないのです。もちろん、後見人があなたの代わりにあなたの財産を誰かに贈与をすることもできません。後見人はあなたの財産を守る必要があるので、あなたの財産を目減りさせるような行為は、認められないのです。

そのほか、**新たに生命保険に入ること**も困難です。

とにかく、認知症になってしまってからできる対策は、ほとんど存在しない、ということを知っておいてください。「まだ自分は元気だから」と対策を先延ばしにした結果、手遅れになってしまってからではどうしようもないのです。

たびたび繰り返していますが、「うちは大丈夫」という希望的な思い込みではなく、万が一の状況に備えて早めから対策を行なってください。

遺言執行者には専門家を活用しよう

遺言書を作成する際には、遺言執行者が必須であることは前述のとおりですが、遺言執行者には、どのような人を選任すればよいのでしょうか。

まず、遺言執行者になるには特段資格が必要なわけではありません。法律上は、**未成年者と破産者以外であれば誰でも遺言執行者になることが可能**です。あなたが作成した遺言書で家族がもめる可能性が低いのであれば、遺言執行者は家族であってもよいでしょう。利害関係者は執行者になれないなどの規定もありませんので、遺言書で財産を渡す相手のひとりを執行者に指定しても構いません。

ただし、遺言執行者が行なうべき相続の手続きは、平日の日中に行なうべきものも多く、また慣れていなければ何から手を付ければよいのかわからず手間取ってしまう可能性もあります。心配であれば、執行者を行政書士などの専門家に依頼することも一案です。

この場合には、資格名よりも、相続手続きをスムーズに進行してくれるか、また、信頼できるかどうかで判断しましょう。また、あなたの相続が起きたときに存命で、実際に手続きを行なう能力がある必要がありますので、あなたより**10歳以上若く**、かつ**健康な人**

（もしくは法人）にしておくと安心です。

一方、遺留分を侵害した内容の遺言書など、争いが予見されるのであれば、執行者は弁護士に依頼することをお勧めします。執行者に弁護士を選任しておくことで、万が一争いに発展したときの対応がスムーズになります。

「うちはもめることなどない」と決めつけて対策を怠るのではなく、さまざまな可能性を検討し、できる限り漏れのない対策をしておくことが、お金の終活の成功のポイントなのです。

第6章

【想いをつなぐ】

「お金」以外に残したいものは何？

◉お金の終活【想いをつなぐ】(1)

残すのは、お金や資産だけではない

「法的な対策」と「想い」は両輪

この本のタイトルは「お金の終活」です。しかし、逆説的なようですが、お金の節約やテクニックだけでは、本当の意味でお金を残すことはできません。なぜなら**相続とは、単にお金や財産を渡すという行為ではない**ためです。

相続は、あなたの人生で築いたものを**次世代に引き継ぐ集大成**ともいえます。あなたの人生の幕引きのとき、世代を超えて渡したいものは、お金だけではないはずです。

本書冒頭でも解説しましたが、問題なく家族にお金を残す「お金の終活」において、「法的な対策」を行なうことと、「想い」を残すことは、両輪の関係です。

仮に、節税も行い、遺言書も残して……と、法的な対策が完璧であったとしても、その後、家族がバラバラになってしまっては、残念ながら、よい終活だったとはいえません。

誤解されがちなところではありますが、**「家族にお金を渡した」ところがお金の終活のゴールではない**のです。

あなたの家族は、あなたの相続が起きた後も〝続いて〟いきます。たとえ、あなたの対策が法的には完璧で、無事に家族にお金を渡すことができたところで、その後、家族の関係が悪くなってしまっては意味がないのです。

また、**想いだけでも不十分**です。具体的な対策を怠った結果、銀行口座からお金を引き出すのに時間がかかり、家族が生活に困窮したり、手続きが止まってしまったり、また相続税が払えず家を手放すことになってしまったりしては、これも家族は困ります。

お金の終活を行なううえで「法的な対策」と「想い」はともに必要であることを腑に落とし込むため、この章では最後にもう一度、その理由について確認したいと思います。

お金に偏らない対策が「終活」のカギ

一貫してお伝えしていますが、一部に偏った対策は、よい対策とはいえません。152ページでも紹介したように、過度な節税を求めた結果、養子縁組をして別の部分で問題が生じては本末転倒です。

これも何度か紹介しましたが、借金をしてアパートを建築するなどの節税も同様です。相続税対策というのは、「いくら節税できるのか」を数字で表すことができるため、効果の判断がしやすいといえます。そのため、「相続税を減らせるのであれば、極限まで節税をしよう」と目がくらんでしまい、提案をされるがまま必要以上の対策をしてしまいがちなのです。

異なった視点を持った多様な専門家から、節税などさまざまな提案を受けること自体は、大変よいことだと思います。多くの選択肢を持つことで、自分の実現したい対策に出会う可能性が広がるためです。

しかし、相続は、決してお金だけの話ではありません。確かに相続税は少なくなればなるほど嬉しいでしょうが、トータルな視点で見たとき、「**その対策が本当に家族を幸せにするのか？**」と、一歩立ち止まって検討することを忘れないでください。

相続税を減らすことや、お金をより多く残せることと、家族の幸せは、必ずしもイコールではないのです。

また、終活の結果が見られるのは自分に相続が起きた後の話。そして、動くお金も日常で目にする額と比較して多額になることも多いため、なんとなく非日常的な、ぼんやりとしたイメージになってしまう人も少なくありません。

しかし、**相続は、あなたと、あなたの家族の「生活の延長上にある出来事」**です。

誰だってふだんの生活では、価値を感じないものは買いませんし、必要のないものは契約しません。また、安易に養子縁組をしたりもしないでしょう。

これは、残される家族にとっても同じなのです。

節税になるからといって、突然経験もないアパート経営をはじめることが、本当によいことだといえるのか。

長年の身分関係を変更し、孫を養子にすることの対価は、これにより節税できる税額に本当に見合うものなのか。

お金の終活を行なううえでは、そのような**日常の感覚**をぜひ大切にしてください。**節税やお金だけに偏らない終活**が、問題なく家族にお金を残すための「お金の終活」のカギなのです。

◉お金の終活【想いをつなぐ】（2）

遺言書を、大事な人とつくってみる

家族で考える遺言のススメ

遺言書は、自分ひとりでつくるもの。このようなイメージを持っている人が多いのではないでしょうか。もちろん、自筆証書遺言は本人が自書する必要がありますし、公正証書遺言も本人が作成することが必要です。しかし、実際に作成をする前、内容を検討する段階は、必ずしも自分ひとりで行なう必要はありません。

遺言書に限らず終活全般にいえることですが、自分ひとりで悩み、決断をするのではなく、あらかじめ家族へ相談することがよい場合もあるのです。家族と相談し、意思を伝えたうえで最終判断をするという方法もあることを知っておきましょう。

例えば、あなたが経営する賃貸アパートとその敷地を二男へ渡そうと思っていたとします。あなたとしては自宅は長男に相続させたい。その代わり、できるだけ兄弟平等にするために、もう一か所の土地建物である賃貸アパートは二男へ渡そう、という考えでした。

しかし、実際に二男へ意思を伝えた結果、「不動産は特段必要ないし、管理も大変なのでいらない。長男との不公平は構わないので、自分は多少の現金があればそれでいい」という答えが返ってくるかもしれません。

ほかにも、投資信託や上場株は長女に渡そうと思っていても、「自分は株などの投資はしないので、投資信託や株をもらっても困る」という事態もあるかもしれません。この場合には、預金など他の財産で渡すか、上場株を現金化して渡すことも選択肢のひとつになります。

あなたが築き、守ってきた財産のことです。もちろん、すべてを相続人の意思に従う必要まではありません。ただし、なんら伝えることなく、ひとりで決断してしまうと、「残す側」と「受け取る側」の想いや考えがずれていることもあります。受け取る側である家族へ意思を伝え、すり合わせられる部分はすり合わせておいたほうが、お互いにとって幸せな終活につながるのではないでしょうか。

また、こういった話し合いの機会を設けることで、あなたの想いが家族に伝わりやすくなるという効果も期待できます。

もちろん、後述のとおり、遺言書に「付言」として想いを書き残すことも大切です。しかし、文章で目にするだけよりも、実際にあなたが自分の亡き後の家族の生活のために悩み、家族の幸せを想い、考えているという状態を目《ま》の当たりにすることで、より想いは伝わりやすくなるのです。

家族で集まる機会に、あなたの想いを伝え、「受け取る側」の意見を聞いてみてはいかがでしょうか。

お金の終活は、あなただけの問題ではありません。あなたの家族が、あなたに相続が起きた後も絆を持って暮らし、発展していくための対策なのです。だからこそ、ひとりで考えるのではなく、家族と一緒に終活について話し、考え、想いを伝える機会を持ちましょう。家族と一緒に考えることも、お金の終活を行なううえで、とても大切なことなのです。

◉お金の終活【想いをつなぐ】(3)

法律的には意味のない「想い」がすべてを解決する

「平等な相続」は存在するか？

なぜ、お金の終活に「想い」が重要なのでしょうか。家族にお金を残すためには、単に法的な整備のみをしておけばよいのではないか、と考える人もいるかもしれません。しかし、法的な対策のみでは不十分です。なぜなら、世の中に「平等な相続」は存在せず、その差を埋めるものは、「想い」しかないからです。

子供に、「自分の財産を平等に相続させたい」という話はよく聞きます。もちろん、生まれた順序や状況が違えど同じ子である以上、できるだけ同じように手当してあげたいという想いは、非常によくわかります。

でも、少し考えてみてください。「平等な相続」とは、どのような状態をいうのでしょうか。

仮に、目の前に2000万円の現金があったとします。これを、まったくの他人どうしで「平等に分けよう」となれば、通常は「では、1000万円ずつにしましょう」となるはずです。これは、誰がどう見ても平等といえるでしょう。

しかし、相続ではそうはいかないのです。

まず、相続で引き継ぐ財産は現金だけではありません。現金や預金のほか、株式や投資信託、上場株式、土地、建物、自社株……と、多種多様な財産が存在します。それぞれの財産について相続税の計算上の評価額は決まっていますが、これには売却する際の価格とは乖離《かいり》があるものも存在します。また、自宅不動産や自社株式のように、そもそも現金化することが前提ではない財産も交じっています。

例えば、相続税の計算上の評価額が1000万円である自宅の土地建物。今後も住み続ける予定のこの不動産と、1000万円の預金の価値は、本当に同じといえるのか。評価額のうえでは同じ1000万円であっても、人によっては不動産のほうに魅力を感じるかもしれませんし、不動産よりも1000万円の預金がほしいと考える人もいるでしょう。

また、土地が二か所に存在し、相続税の計算上は同じ評価額がついていたとしても、実際に感じる価値まで同じとは限りません。例えば、遠方にある広大な山林と、自宅近くの賃貸不動産の敷地。これもどちらに魅力があるか、感じ方はそれぞれ異なります。

さらに、8000万円の評価額がついている自社株式と、8000万円の現金は同じ価値といえるのか。立場や状況で、どちらに価値を感じるか、まったく異なるはずです。

このように、仮に税金計算上での評価額が同じ財産であったとしても、もらう側として感じる価値は、同じとは限らないのです。まずはこの点が、「他人どうしで2000万円のお金を平等に分ける」という状況と大きく違うところです。

そして、相続にはもうひとつ、**平等になりえない理由**があります。それは、**分ける相手が他人ではない点**です。

例えば、実家の近くに住み、頻繁に病院の送り迎えや家事などを手助けしてきた長女と、他家に嫁いで実家に顔を出すのは年に1回程度という二女。相続で同じ金額をもらうことが、本当に「平等」なのでしょうか。また、今後家を継いでいく長男と他家に嫁いだ長女では、どうでしょうか。

家族とのかかわり方は人によって異なります。これはどちらがよい悪いという話ではありません。いくら同じ家に育った子であっても、親との関わり方がまったく同じということはありえないということです。

では、近所に住み関わりの深かった長女と、遠方に住む二女。家を継ぐ長男と、嫁いだ長女。いくらの差なら平等といえるのでしょうか。これも明確な答えはありません。

つまり、相続において「まったくの平等」というのは架空の世界の話であり、現実には存在しえないのです。

もちろん、裁判をすれば線引きは明確になります。また、法律には「法定相続分」という、自分が最大限主張できる権利も決まっています。しかし、これはある種の妥協策です。ある程度の結論を出すことと、本質的に納得して解決をすることは異なります。

お金を残す側として、分け方のみで全員が納得するという意味での「平等」は、相続においてはありえないことを知っておいてください。そして、どう工面しても、お金だけで平等になることはありません。なぜならこれは、客観的な評価の話ではなく、それぞれの主観、想いの部分の話であるためです。そのため、この**埋まらない平等への溝を埋めるため**には、想いを伝えていく必要があるのです。

相続争いは、お金だけでは解決できない

相続争いをどこか遠い世界の出来事のように感じている人は、おそらく相続争いを「裕福な人の財産を、お金に目がくらんだ家族が取り合う」というようなイメージを持っているのではないでしょうか。しかし、現実はそうではありません。もちろん、「自分はほかの相続人より1円でも多くお金がほしい」という主張で争うケースもあるでしょうが、そういう話ばかりではないのです。

相続争いは、往々にして、感情のぶつかり合いによって生じます。「お金が多くほしい」というよりも、「いままでの苦労をわかってほしい」とか、「いつも長男は優遇されてきた」とか、「自分を軽視しないでほしい」とか、そういった感情のもつれから生じることが少なくありません。ただ単にお金がほしいという話ばかりではないのです。

具体的な例を挙げます。

相続人は、**同居し介護をしてきた長女**と、**遠方に住み年に1回程度顔を出していた二女**のふたり。母親はすでに他界しています。このふたりが父の死亡直後、話し合いをしていると想像してください。

実家の仏壇前。父の遺影が飾ってあります。四十九日も過ぎたあたりで、「そろそろ相続の話し合いもしないとね」ということで、あらためて会うことになりました。

長女は、相続発生直後から財産を調べ、ようやくまとめ終わったところです。その結果、**相続財産の総額は2000万円**（便宜上、すべて預貯金で、不動産は賃貸だったとします）。

長女は、これまでの介護と看病で疲れ、亡くなってからは葬儀のことやその後の手続きに奔走し、ようやく少し落ち着いたところでした。

その一覧表を見た直後、二女からなんの労《ねぎら》いの言葉もなく、

「じゃあ、法律で決まっているとおり、1000万円ずつでいいかな」

といわれたとします。

この二女の主張は、法律上、なんら間違った主張ではありません。法律で認められた正当な権利です。しかし、長女はどう感じるでしょうか。

「権利が正当なのは、わかる。でも、妹（二女）は介護に関わりもせず、ろくに父の面倒も看《み》なかった。自分は介護のために仕事を制限し、やりたかったことも諦め、親のために尽くしてきた。それなのに、その苦労に対する想いはないのか。労いの言葉ひとつなく、しっかりと自分の取り分だけは主張するのか」

そんな想いを抱くかもしれません。

そこで、長女は少し苛立った気持ちを抑えつつ、

「介護をしてきた分、少し私が多くもらってもいいんじゃないかしら」

と主張します。

多くの場合、介護をしたり同居をしたりした相続人が「少し多くもらう」ことに対しては、ほかの相続人も心情的に、納得することが多いように思います。しかし、ここで次の問題が生じます。**その「少し」とは、いくらなのか**ということです。

長女としては、

「自分はここまで苦労をし、熱心に介護を行なってきた。一方、妹はたまに顔を出すのみ。であれば、自分が1500万円程度はもらって、妹には500万円を渡す。それでも多いくらいではないか」

と感じたとします。一方、二女からすれば、

「本来は同じ子供として、まったく同じ金額をもらう権利があるはず。姉がもっぱら介護をしてきたとはいえ、100万円くらいの差が妥当ではないか」

と、思うかもしれません。

二女は二女で、家を出たからといって楽ばかりしてきたわけではなく、慣れない土地で夫の両親の近くに住み、大変な想いをしてきた、など、さまざまな想いがある。

この感覚の差を埋めることが、難しいのです。それぞれに想いがあるなかで、長女が、

「私が1500万円で、あなたは500万円でどう？」

と提案します。しかし、差額は1000万円くらいが妥当だと感じている二女は、

「それはちょっと（姉がもらう分が）**多すぎない？　差額は100万円くらいでは？」**

と反論する。

実はこの時点で、**単なるお金の話ではなくなっている**のです。

長女からすれば、この二女の反論により、自分のこれまでの苦労や人生自体を〝値踏み〟されたような気分になるわけです。

「自分がいままでしてきた苦労は、自分の人生は、何だったのか」と。

「妹（二女）にとっては、私（長女）のしてきた苦労は、100万円程度の価値しかないのか」と。

ところが、二女からしたら、「同じ子なのに、なぜ、それほど差をつけられなければいけないのか」という気持ちが生じます。「自分は確かに家を出た立場ではあるが、別の苦

労をしてきているのに」と。

決してどちらも、欲深いとか、お金に目がくらんでいるとか、そういう話ではありません。人間誰しも、認めてほしい部分はあります。その一方で、兄弟姉妹は離れて暮らすうち、なんとなく微妙な距離感になることも少なくありません。

「私のしてきた苦労を労ってほしい。本当に大変な想いをしてきたんだ」というのが本音であっても、それはなかなか口に出してはいえない。このように互いの**本当の想い**に触れることなく、争いに発展してしまうのです。

悲しいことに、表面の主張だけを見て、お互いに「相手はお金に汚い」「欲深い」という印象を持ってしまいかねません。本当はどちらも、**ほしかったのはお金ではなかったはずなのに**。そして、こういった誤解が、さらに関係を悪化させるのです。

相続で争う人が、いわゆる欲深い人、ということではないのです。

そうではなく、言葉が足りないことから生じる誤解や、すれ違い。そういった小さなズレから生じてしまうものなのです。

このケースであれば、最初に二女が、「これまで介護をしてきてくれてありがとう。大変だったね」など労いの言葉をかけていたら、状況は違っていたでしょう。あるいは長女が、いえずにいた「自分のこれまでの想い」を妹に正直に伝えていたら、争いは悪化しなかった可能性もあります。

家族のなかでの争いは、単純な他人どうしの争いとは異なり、非常にナイーブなものです。こうした諍《いさか》いは、想像よりもはるかに身近にあることを知っておいてください。遠い世界の、「欲深い人」だけに起こる話ではないのです。

また、感情の問題である以上、お金だけで解決できるものでもありません。

仮に、いまのケースできちんと話し合いをしないまま、最終的に長女の主張どおりに分けたとしても、またあるいは二女の主張どおりに分けたとしても、お互いにすっきりしない気持ちや、わだかまりが残るでしょう。それはまた、残された財産が2000万円でなく、3000万円や5000万円だったからといって、なんら変わる話ではありません。

相続争いを予防するために必要なのは、お金では（その額でもそれ自体でも）ないのです。

あなたの遺言、想いはしっかり伝わりますか？

家族が争う「争族」になってしまわないためには、遺言書と一緒にあなたの想いを残す必要があります。そもそも、兄弟や姉妹どうしで財産の取り分の話し合いをするのは、誰しも気が進むものではありません。「もめたらどうしよう」と考えると、話し合いの場を持つまでにかなりの緊張を感じる人もいますし、そうでなくても、大切な身内が亡くなってストレスを抱えている時期のことです。結果的にもめなかったとしても、このような気苦労をかけないという意味でも、やはり遺言書は必須なのです。

しかし、いくら法的に正しくても、想いが伝わらない遺言書は、むしろ争いのもとになることもあります。遺言書が法的な面や手続き上で問題がなければ、実際に故人の銀行口座を解約したり、不動産の名義変更をしたりといった手続きを行なうことは可能です。しかし、いくら財産の移転ができたところで、手続きがすんだ後でわだかまりが残るような遺言は、お金の終活を行なううえで、よい遺言とはいえません。

なぜ遺言書に想いが必要なのか、縷々《るる》述べてきましたが、相続において「まったくの平等」は存在しないのです。どんなに工夫したところで、不平等感をすべてぬぐい去ることは不可能です。その不可能を可能にし、不平等感を埋めるために、あなたの想いを伝えることが必要なのです。

そして、もうひとつ重要な理由があります。

家族が、あなたの遺言書を見るのは、いつでしょうか。遺言が開封されるのは通常、あなたが亡くなった後。つまり、家族が遺言書を開けるとき、あなたはすでにこの世にはいない。この動かしがたい現実は、例えばあなたの想いが誤って伝われば二度と訂正できないということを意味します。

ふたたび具体例を挙げます。

例えば、あなたの財産が、自宅不動産3000万円、預金1500万円の計4500万円だったとします。相続人は、長男と二男のふたりで、あなたは、現在同居している長男に家を継いでほしいと望んでいます。そして、長男に自分の財産の大半を占める自宅を渡す一方で、二男にはできるだけ多く預金を残したいと考えました。

その結果、「評価額3000万円の自宅不動産と、預金のうち300万円を長男へ、預金のうち1200万円を二男へ相続させる」という内容の遺言書を、公正証書にて作成。

長男に300万円の預金を渡すとしたのは、今後家を守り、祭祀を行なうなどするために最低限必要だと考えたためです。長男に自宅不動産を渡す以上、どうしても二男との金額上の差が出てしまうことは気がかりでした。子供はどちらも大切であり、ふたりとも幸せになってほしいと望んでいます。しかし、自宅という分けられない財産が大半を占める以上、多少の不平等は仕方がないと非常に悩んだ結果で出した結論でした。

いかがでしょうか。

このように事情を聞けば、不平等な配分にも納得がいきやすいと思います。しかし、実際に相続が起きたあと、想いの記載がないこの遺言書を見たら、相続人はそれぞれ、どう感じるでしょう。もちろん、感じ方は人によってさまざまなので一概にはいえませんが、疑心暗鬼になろうと思えば、なれてしまう内容です。

例えば、二男は表面上の金額の差だけを見て、不平等だと思うかもしれません。そこに、昔から兄は優遇されてきたという、相続とは直接的には関係のない気持ちが重なったりするのです。父は最後まで、兄ばかり優遇するのか、と。

一方で長男からすれば、預金の差額に着目して、不満に思う可能性があります。住んでいる家は現金化できるわけではないためです。これまで同居をし、いろいろと身の回りの介護等も行なってきた自分と比較して、二男へ渡す預金が多すぎるのではないか、と。弟に比べ、自分は冷遇されているのではないか、と。

ところが、真意をたずねようにも、遺言書を書いた本人はもうこの世にはいないのです。本意は二度と聞くことができません。また、本人どうしのほか、それぞれの妻などの家族の想いも加わり、さらにこじれてしまう可能性もあります。

せっかくあなたが築き、守ってきた財産を残したにもかかわらず、このように不満を感じられてしまうことなど望まないはずです。遺言を書いた人は、決して二男を冷遇しようとしたわけでもなく、長男へも感謝しています。ただ、自宅不動産が財産の大半を占めている関係上、苦肉の策で、このような内容を書いたはずなのです。しかしその想いは、残念ながら、伝えなければ伝わりません。そして、どれだけ誤解を訂正したくても、すでに他界している以上、どうすることもできないのです。

だからこそ誤解のないように、しっかりとその想いを伝える必要があります。実際に相続が起きてしまってからでは手遅れ。二度と真意を伝えることなどできないのです。遺言書には、「付言」といって、法律的には関係のない想いを書くことができます。これを活用して、想いの伝わる遺言書をつくりましょう。例えば、先ほどの例で、こう書き添えてあったら、どうでしょうか。


この遺言を残すにあたって、私は非常に悩みました。一郎（長男）には家を継いでいってほしいと望む一方で、私には自宅以外の財産が多くありません。そのため、どのように分けても平等にすることが難しいためです。

この遺言は、私がふたりへ何をしてやれるのか、どうしたら感謝が伝わるのか、と悩んだ末に作成したものです。いろいろと思うところはあるかもしれませんが、どうか理解してください。私にとって、一郎も二郎（二男）も、ふたりとも大切な息子であり、どちらも幸せに暮らしていくことを望んでいます。

一郎は、これからも家を守っていってください。そして、いままで一緒に住み、世話をしてくれてありがとう。とても感謝しています。

二郎は、遠い地で大変なこともあっただろうが、仕事でも成果をあげているようですね。親として、とても誇らしく思っています。

たったふたりの兄弟です。これからも仲よく暮らしていってください。あなたたちという子供に恵まれて、とても幸せな人生でした。本当にありがとう。

付言はあくまでも、「付随的なもの」という位置づけです。そのため、付言がないからといって、遺言が無効になるものではなく、付言の内容に法的な拘束力もありません。また、その内容に正解もありません。

しかし、遺言を残す側としての想いや、遺言書を書く中での葛藤、そして感謝の気持ち。こういった想いを伝えることで防げる争いはたくさんあると、私は信じています。

そして、あなた自身の想いを伝えられるのは、あなただけです。あなたに万が一のことがあった後、家族が争ってしまったり、わだかまりが残ったりすることのないように、ぜひ想いを残しておいてください。それこそが、家族の絆を守り、次世代につないでいくための「お金の終活」のカギなのです。

想いを残す際の注意点

前述のとおり、お金の終活において、想いを残すことはとても重要です。しかし、想いの伝え方を誤ると、思わぬトラブルが生じることがあります。ここでは、想いを残す際に押さえておきたいポイントを解説します。

ポイントはふたつ。ひとつは、**残す想いの内容について**、もうひとつは、**想いを残す形式について**です。

まず、残す想いの「内容」についてですが、これは、**恨みや怒りといったマイナスの感情を残さない**ということです。遺言書を開けるとき、残された人が想いを見る際には、あなたはもう、この世にいません。その状態で、恨みや怒りのこもった文章を見たら、残された人はどう思うでしょうか。反論したくても、誤解をときたくても、それは二度とかないません。このような状態でマイナスの感情をぶつけることは、二度と解消できないわだかまりを残すことになります。そのマイナスの感情がめぐり、怒りをぶつけられた相続人と、他の相続人との関係を悪化させることさえあるのです。

さまざまな事情により、どうしてもいいたい感情がある場合もあるでしょうが、遺言書に書くのは堪《こら》え、その想いは生前、相手と向き合って直接伝えるようにしてください。

もうひとつのポイントである、想いを残す「形式」についてですが、これは、遺言書とは別の用紙に想いを書き残すことで、**遺言書自体の撤回ととられないようにする**ことです。

遺言書は前述のとおり、何度でも書き直すことができます。また、公正証書遺言であっても、自筆証書遺言での撤回も可能です。仮に、公正証書で遺言を残した後で、想いを残した「手紙」を自筆で書いたとします。その手紙は、あなたにとっては単なる「手紙」であっても、氏名や内容を自書し、押印をするなどしていれば、思いもよらぬところで自筆証書遺言としての要件を満たしてしまう可能性があるのです。すると、内容によっては「手紙」のつもりで書いた自筆証書遺言で、公正証書遺言を撤回したことになってしまいます。また、撤回と見ることが、ある相続人には有利で、別の相続人には不利であった場合、「これは、公正証書遺言の撤回かどうか」と争いになる危険性もあるのです。

このような無用なトラブルを避けるため、遺言書の撤回とも見える形式で想いを残すことは避けましょう。

撤回と捉えられない想いの残し方は、主にふたつ。

ひとつは、前述のように、公正証書遺言のなかで「付言」として残す方法。そして、もうひとつは、遺言書としての要件を満たさない形で残すことです。

公正証書遺言を作成する際に、「付言」として想いを記載する方法は、想いの残し方としては王道といえます。これであれば、公正証書遺言のなかに記載するわけですから、遺言書の撤回とは見られようがありません。

もうひとつ、遺言書としての要件を満たさない残し方——。

公正証書遺言のなかに付言として残すことは非常によい方法なのですが、公正証書遺言は公証人や証人の前で内容を確認されます。そのため、自分の想いを他者に見られることに抵抗を感じる人もいるかもしれません。もし、公正証書遺言への付言だけでは自分の想いを伝えきれないという場合には、音声データやビデオレターなどで想いを残すことも検討してみましょう。

音声データやビデオレターは、遺言書としては無効であり、法的効力はありません。そのため、どのような内容を話したところで、遺言書の撤回と見られることはないのです。また、文字ではなく、直接話している姿や声を伝えることができるので、より想いを伝えることもできます。自宅にビデオカメラがあれば、自ら撮影して残すのも一つの方法です。最近では葬式で流すための映像や家族あてのビデオレターを作成するサービスを行なっている会社もありますので、こういったサービスを利用してみるのもよいでしょう。

せっかく残した想いがもとで無用なトラブルを生じさせないために、「残す想いの内容」と「想いを残す形式」まで配慮しておいてください。

◉お金の終活【想いをつなぐ】(4)

あなたの想いやお金は、もう一度、世代を超えて相続される

ここからがはじまり

ここまで、家族に問題なくお金を残す「お金の終活」について解説してきました。しかし、お金の終活は、本書を読んで理解しただけでは終わっていません。ここはあくまでもスタート地点です。ここから、あなたの人生について話ができる信頼できる専門家と一緒に、具体的な対策を進めていってください。

何度もお伝えしてきたとおり、あなたの「お金の終活」ができるのは、あなたしかいません。自分の財産を洗い出し、誰にどの財産を残したいか考え、そして具体的な対策を行

ない、想いを残す。それぞれの段階で専門家はサポートします。また、家族に相談しながら進めることも可能です。

しかし、お金の終活をはじめるために腰を上げる決断や、最終的に行なう対策を選ぶ決断、そして「想い」を残すことは、あなたにしかできないのです。

たとえ専門家であっても、あるいは家族であっても、あなたの代わりに、勝手にあなたの終活を行なうことはできません。「あのとき、お金の終活をはじめていれば」と後悔してからでは遅いのです。まだ早い、自分には関係ない、そう思って目を背けるのではなく、しっかりと対策を進めていってください。

いくら多額のお金や財産を築き、守り、残したとしても、それがもとで家族がトラブルに巻き込まれては、とても、よい終活とはいえません。

相続税が高くて払えない。家族が争う「争族」になる。銀行からお金を引き出すのに時間がかかり、生活に困窮する。家族の絆を引き裂いてしまう……相続には、非常に多くの、そしてさまざまな落とし穴が存在するのです。些細な行き違いや想いが伝わらなかったことでこじれてトラブルになり、ひとたび裁判上での争いにまで発展してしまえば、関係の修復は容易ではありません。家族どうしの争いは、仮に自分の主張が通ったところで、それ以上に失うもののほうが、はるかに大きいのです。

家族に、子供に、そして孫に、あなたが残したいものは、何でしょうか。「お金」をめぐって家族が争った事実ですか。それとも、「お金」を残してくれた、先祖への感謝の想いですか。その答えは、明白なはずです。そして、その道筋を決めるのは、あなたしかいないのです。

お金の終活とは、あなたのお金と想いを、次世代へ継いでいくための準備です。ぜひ本書を参考に、あなたと家族を幸せにする「お金の終活」を、進めていってください。本書があなたの家族の絆を守り、そして発展することに役立てば幸いです。

【著者紹介】

山田 和美（やまだ・かずみ）

なごみ行政書士事務所、なごみ相続サポートセンター所長。想いの共有株式会社代表取締役。行政書士、CFP®。1986年愛知県稲沢市生まれ。大学卒業後、名古屋市内の名南コンサルティングネットワークに就職。同ファーム内の司法書士法人にて、「終活」という言葉が一般的になる前から、相続手続・遺言作成サポート業務を専門に行なった後、同ファーム内税理士法人に転籍し、2014年3月、愛知県一宮市で独立開業。税理士、司法書士など各専門家とチームを組み、総合的な相続サポートを行なっている。相続に関する相談は、年100件超。行政書士会支部研修のほか、岐阜県司法書士会、岐阜県土地家屋調査士会、日本FP協会愛知支部、金融機関や葬儀社などでの講演多数。2015年の年間講演数は50回を超えた。本書が初の著作となる。無料メールマガジン配信中（登録は「なごみ相続サポートセンター」http://ii-souzoku.com/ から）。

【監修者紹介】

WORKtheMAGICON 行政書士法人（わーくざまじっくおん ぎょうせいしょしほうじん）

代表社員 馬場亮治（行政書士・特定社労士）、COO 横須賀輝尚（特定行政書士）の両者が2014年に合流し、高難度法務案件、イレギュラー案件等の受注を中心とした行政書士法人として2016年に設立。法人設立前の著作として『士業・コンサルタントのためのマイナンバーで稼ぐ技術』（馬場・横須賀による共著／飛鳥新社刊）がある。

装幀／菊池 祐（株式会社ライラック）

お金の終活

2016年11月25日　第1刷発行

著　者——山田 和美
監修者——WORKtheMAGICON行政書士法人
発行者——徳留 慶太郎
発行所——株式会社すばる舎
東京都豊島区東池袋3-9-7 東池袋織本ビル（〒170-0013）
TEL　03-3981-8651（代表）03-3981-0767（営業部）
振替　00140-7-116563
http://www.subarusya.jp/
印　刷——中央精版印刷株式会社

落丁・乱丁本はお取り替えいたします
 ISBN978-4-7991-0581-8